Gotthelf | Die schwarze Spinne

Lektüreschlüssel XL

für Schülerinnen und Schüler

Dieses Buch wurde klimaneutral gedruckt.

Alle $CO_2$-Emissionen, die beim Druckprozess unvermeidbar entstanden sind, haben wir durch ein Klimaschutzprojekt ausgeglichen.

Nähere Informationen finden Sie hier:

Jeremias Gotthelf

# Die schwarze Spinne

Von Heike Wirthwein

Reclam

Dieser Lektüreschlüssel bezieht sich auf folgende Textausgabe: Jeremias Gotthelf: *Die schwarze Spinne. Erzählung.* Stuttgart: Reclam, 2022. (Reclam XL. Text und Kontext, Nr. 16137.) Diese Ausgabe des Werktextes ist seiten- und zeilengleich mit der in Reclams Universal-Bibliothek Nr. 6489.

E-Book-Ausgaben finden Sie auf unserer Website unter www.reclam.de/e-book

Lektüreschlüssel XL | Nr. 15544
2023 Philipp Reclam jun. Verlag GmbH,
Siemensstraße 32, 71254 Ditzingen
Druck und Bindung: Esser printSolutions GmbH,
Untere Sonnenstraße 5, 84030 Ergolding
Printed in Germany 2023

ISBN 978-3-15-015544-8

Auch als E-Book erhältlich

www.reclam.de

# Inhalt

# 1. Schnelleinstieg

| | |
|---|---|
| Autor | Jeremias Gotthelf (d. i. Albert Bitzius) (4.10.1797–22.10.1854), Schweizer Schriftsteller, Lehrer, Pfarrer |
| Entstehungszeit | 1841<br>Erstveröffentlichung: Anfang 1842 |
| Ort und Zeit der Handlung | Emmental (Schweiz);<br>Rahmenerzählung: etwa 1830/40, ein Tag von Sonnenaufgang bis Sonnenuntergang des Himmelfahrtstages<br>Erste Binnenerzählung: etwa 1230/40, unbestimmte Dauer: mehrere Monate<br>Zweite Binnenerzählung: etwa 1430/40, unbestimmte Dauer, mehrere Wochen |
| Textsorte | Novelle |
| Epoche | Biedermeier |
| Aufbau | Rahmenerzählung, zwei Binnenerzählungen (erste und zweite Spinnenepisode) |

Inhalt und Thematik

Eine wohlhabende Bauernfamilie im Schweizer Emmental feiert nach alter Sitte und Tradition eine Taufe. So beginnt der Text und zeigt diese Bauernfamilie, ihr Gesinde und die Gäste als idyllische, intakte und harmonische Gemeinschaft. Die Wahrung christlicher Werte, Gottesfurcht und Anerkennung der überlieferten Ordnung sichern die Harmonie, den Frieden und ein gutes, von Wohlstand als Ergebnis von Fleiß und Tüchtigkeit geprägtes Leben. In diese wohlgeordnete Welt ragt deutlich sichtbar ein sehr alter schwarzer Fensterpfosten hinein, der den Großvater, den Patriarch der Familie, veranlasst, vom Auftreten der titelgebenden teuflischen schwarzen Spinne zu erzählen, die als Pestseuche Tod und Verderben über das Tal und seine Bewohner gebracht hat. Ihr Auftreten, so wird es im Text erklärt und gedeutet, war jeweils das Ergebnis der Missachtung christlicher Werte und des Abfalls von einem gottesfürchtigen Leben. Zweimal im Laufe der Jahrhunderte tritt die Spinne auf: einmal im 13. Jahrhundert, in der sogenannten Ritterzeit, einmal im 15. Jahrhundert, in der Zeit der sogenannten freien Bauernschaft. Zweimal wird die Spinne durch die Selbstaufopferung frommer Menschen im schwarzen Pfosten gebannt, wo sie noch immer sitzt und somit in die Erzählgegenwart des Textes als Mahnung hineinragt: Friede und Harmonie der Gemeinschaft sind dann bedroht, so die Deutung des Großvaters, wenn die Menschen sich sündhaft verhalten.

Aufbau

Das Tauffest bildet die Rahmenhandlung, die einen ganzen Tag vom Sonnenaufgang bis zum Sonnenuntergang des Himmelfahrtstages andauert. Zweimal wird diese Rahmenhandlung durch die Binnenerzählungen vom Auftreten der schwarzen Spinne unterbrochen. Die Geschehnisse aus drei Zeiträumen werden verbunden durch das Motiv der christlichen Taufe, die titelgebende schwarze Spinne und den Fensterpfosten als Dingsymbol.

Gotthelfs Novelle von der *Schwarzen Spinne* gehört heute zu den deutschsprachigen Werken von

Weltgeltung. Ab etwa der Mitte des 20. Jahrhundert, also annährend 100 Jahre nach der Erstveröffentlichung, setzte eine intensive Auseinandersetzung mit Form und Inhalt des Textes ein, der bis zu diesem Zeitpunkt kaum wahrgenommen worden war. Eine Vielzahl von textimmanenten Analysen betonen die kunstvolle Verknüpfung der Rahmen- und Binnenerzählungen und setzen sich mit den Motiven und Symbolen auseinander. Die titelgebende schwarze Spinne in ihrer Ungeheuerlichkeit hat vielfältige Interpretationen erfahren.

Bedeutung und Wirkung

Dieses starke, eine Deutung herausfordernde Motiv, zusammen mit den formalen Aspekten, haben die *Schwarze Spinne* zu einem Schulklassiker werden lassen. Die Novelle bietet vielfältige Möglichkeiten des literarischen Lernens zu Motiven und Symbolen, der Verknüpfung unterschiedlicher Erzählebenen, um nur wenige Aspekte zu benennen.

Auch inhaltlich regt die grässliche schwarze Spinnen zu Deutung und Interpretation an. Gotthelf deutet die Spinne als Ergebnis eines unchristlichen, Tradition und Sitte vergessenden Lebens, das dem Bösen in der Welt zum Durchbruch verhilft. Für den Pfarrer Gotthelf steht außer Frage, dass das Böse nur durch ein gottgefälliges christliches Leben gebannt werden kann. Diese Antwort ist für uns heute, die wir in einer gänzlich anderen Zeit leben, nicht unbedingt befriedigend. Die Fragen aber, wie ein harmonisches Leben in Sicherheit und Frieden gelingen kann, wie Seuchen, Epidemien und Pandemien erklärt werden können und ihnen begegnet werden kann, beschäftigen uns heute nicht weniger als in früheren Zeiten. Darüber hinaus bietet die grässliche Spinne eine spannungsreiche Lektüre und ein fesselndes Leseerlebnis.

## 2. Inhaltsangabe

Die Inhaltsangabe folgt der Chronologie des Erzählverlaufs, der aus einer dreiteiligen Rahmenerzählung und zwei Binnenerzählungen besteht (vgl. hierzu auch Kapitel 4).

Erster Teil der Rahmenerzählung

Den Auftakt der **Rahmenerzählung** bildet die Hinführung zum Handlungsort des Textes, der die gesamte Erzählung hinweg nicht verlassen wird. Es ist dies das Schweizer Emmental, genauer: das Haus einer dort seit Generationen lebenden wohlhabenden Bauernfamilie.

Am frühen Morgen eines Himmelfahrtstages in den 1830/40er Jahren bereitet die Bauernfamilie eine Taufe vor. Die Familie, das sind die Großeltern und die Eltern des Täuflings, und das Gesinde sind in den letzten Vorbereitungen begriffen und erwarten die Taufgesellschaft, namentlich die Patin (Gotte) und die beiden männlichen Paten (älterer und jüngerer Götti).

Junge Gotte im Zentrum

Im Zentrum dieses Teils der Rahmenerzählung steht die junge Gotte. Diese muss allerlei Rituale und Regeln erfüllen, die sich sowohl auf ihre Kleidung beziehen als auch auf das vor dem Gang zur Taufe einzunehmende Mahl sowie das von ihr erwartete Verhalten. Die junge Frau ist sehr bemüht, allen Ansprüchen gerecht zu werden. Unter anderem ist es ihre Aufgabe, zusammen mit den Großeltern, dem Vater des Kindes und den weiteren Paten das Kind zur Kirche zu tragen, den Täufling während der Taufe zu halten und dem Pfarrer den Namen des Täuflings einzuflüstern. Auf dem Weg zur Kirche erschrickt die Gotte und hat Angst, die Aufgabe nicht bewältigen zu können, weil sie den Taufnamen des Kindes vergessen hat. Sie meint, nach dem Namen des Kindes nun nicht mehr fragen zu dürfen, weil es heißt, das Kind werde dadurch »zeitlebens neugierig« (S. 17[1]). Die Angst der Gotte steigert sich zu einer regelrechten Panik. Tatsächlich geht der Taufakt ohne Zwischenfälle über die Bühne, die Gotte entspannt sich und kann der Taufgesellschaft von ihrer Angst berichten, die sich nun in Gelächter und Hänseleien gegenüber der Gotte auflöst. Die letztlich harmlose Episode ist aber doch eine Vorausdeutung auf die kommenden bedrohlichen Entwicklungen, von denen in den Binnenerzählungen die Rede ist.

Die Taufgesellschaft kehrt zum Bauernhaus zurück und nimmt ein üppiges Festessen ein, in dem sich der Wohlstand der Familie ausdrückt. In einer Essenspause unternehmen die Gäste einen Spaziergang über den Hof und lassen sich unter einem Baum nieder. Ein erkennbar alter Fensterpfosten, der in das neue Haus der Bauernfamilie eingebaut ist, erregt die Aufmerksamkeit. Nach einigem Drängen erzählt der Großvater, was es mit dem Pfosten auf sich hat.

1 Die Angaben beziehen sich durchgängig auf folgende Textausgabe: Jeremias Gotthelf, *Die schwarze Spinne. Erzählung*, herausgegeben von Wolfgang Keul, Stuttgart 2022.

Beginn der **ersten Binnenerzählung**: 600 Jahre zuvor, im 13. Jahrhundert, der sogenannten Ritterzeit, herrscht ein fremder Ritter, Hans von Stoffeln, über das Tal und die ihm leibeigenen Bauern.

■ Erste Binnenerzählung

Er zwingt die Bauern des Tals, ein Schloss auf dem Berg zu bauen. Bereits diese Forderung ist übermäßig und überschreitet den üblichen Umfang an Frondiensten, die Leibeigene zu leisten haben. Hans von Stoffeln fordert, von seinen Rittern dazu angestachelt, darüber hinaus zusätzlich von den Bauern die Anlage eines Schattenganges aus hundert ausgewachsenen Buchen.

■ Übermäßige Forderung an die Bauern

Die Bauern verzweifeln, weil sie kaum wissen, wie sie diese Forderung erfüllen können, zumal sie bereits der Schlossbau davon abgehalten hat, ihre Felder zu bestellen.

Den verzweifelten Bauern bietet der Teufel Hilfe an. Er zeigt sich ihnen als Jägersmann und wird deshalb im Text »der Grüne« (S. 33) genannt. »Der Grüne« bietet an, den Schattengang zu pflanzen, wenn sie ihm im Gegenzug ein ungetauftes Kind überlassen. Die Bauern erkennen sehr wohl, dass der Teufel selbst ihnen dieses Angebot macht. Sie fliehen zunächst, aber ihre Verzweiflung über die Forderung des Ritters wird immer größer.

■ Angebot des Teufels

Als der Teufel erneut auftaucht, ist es Christine, die Ehefrau eines Bauern, die im Dorf als Fremde eine Außenseiterrolle innehat, die den Pakt mit dem Teufel schließt. Der Pakt wird mit einem Kuss des Teufels auf ihre Wange besiegelt. Die Dorfleute sind bis auf

■ Christines Pakt mit dem Teufel

eine alte und eine junge Frau letztlich mit dem Pakt einverstanden und trösten sich mit dem Gedanken, den Pakt selbst nicht geschlossen zu haben und somit auch nicht verantwortlich zu sein. Sie geben sich zusammen mit Christine zudem der Illusion hin, den Teufel um das ungetaufte Kind betrügen zu können.

Der Teufel erfüllt seinen Teil des Vertrags. Der Schattengang wird fristgerecht fertiggestellt.

Als später, der genaue Zeitraum wird im Text nicht angegeben, eine Frau ein Kind erwartet, ziehen die Bauern den Priester ins Vertrauen, dem sie den Teufelspakt bis zu diesem Zeitpunkt verheimlicht haben. Jetzt setzen sie aber auf dessen Hilfe. Tatsächlich gelingt es dem Priester, das Kind unmittelbar nach der Geburt zu taufen und es so dem Teufel zu entziehen. Darüber sind die Dorfleute nicht nur erleichtert, sondern werden geradezu übermütig, meinen sie doch ein Mittel gefunden zu haben, um den Teufel auch zukünftig überlisten zu können. Christine dagegen spürt in dieser Situation erstmals heftige Schmerzen an der Stelle, an der der Teufel sie zur Besiegelung des Paktes geküsst hat. Auf ihrer Wange wächst ein schwarzer Fleck, der immer größer und schmerzhafter wird und schließlich die Gestalt einer Spinne annimmt, je näher die Geburt des nächsten Kindes rückt.

■ Geburt und Taufe des ersten Kindes

Christine versteht, dass sie das nächste Kind dem Teufel übergeben muss, wenn sie ihre eigene Qual beenden will. Sie unternimmt jegliche Anstrengung, das Kind in die Hände zu bekommen, aber es gelingt dem Priester gegen Christines Widerstand, das Kind

■ Geburt des zweiten Kindes

zu taufen. Christine erleidet immer stärkere Schmerzen. Die Spinne in ihrem Gesicht platzt und gebiert dabei unzählige kleine Spinnen, die eine Seuche im Tal verbreiten, an denen das Vieh stirbt. Die Dorfleute erkennen, dass sie den Teufel nicht betrügen können. Aber keiner will die Verantwortung übernehmen und ihm ein Kind übergeben. Die nächste Frau, die ein Kind zur Welt bringen wird, ist Christines Schwägerin. Ihr Mann, Christines Schwager, lässt sich überreden, die Ankunft des Priesters zu verzögern, um so Christine die Möglichkeit zu geben, das Kind zu rauben.

■ Christine gebiert Spinnen

Der Plan scheint zunächst aufzugehen. Christine kann das Kind rauben, aber dem Priester gelingt es, die Übergabe an den Teufel zu verhindern, das Kind zu taufen und an die Mutter zurückzugeben. Dann stirbt er selbst am Gift der Spinne, in die Christine sich verwandelt hat. Die Spinne selbst bringt nun den Tod über das Tal, auch über die Menschen, die Ritter auf dem Schloss fallen ihr ebenfalls zum Opfer. Die junge Mutter, Christines Schwägerin, deren Kind gerettet wurde, will sich opfern, um ihre Kinder und das Tal von der Spinne zu befreien.

■ Christine verwandelt sich in die Spinne

Neben dem Bett ihrer Kinder bohrt sie ein Loch in den Fensterpfosten und legt einen Zapfen bereit. In dieses Loch will sie die Spinne einschließen. Als die Spinne schließlich in ihr Haus kommt, ergreift sie diese und sperrt sie im Fensterpfosten ein, womit sie das Tal von der todbringenden Spinne befreit. Sie selbst stirbt am Gift der Spinne. Die Dorfleute erken-

■ Die Spinne wird eingeschlossen

nen ihre Sünde und wandeln sich. Die Spinne bleibt im Pfosten gefangen, solange die Menschen sich an Gott halten und sich vom Teufel abwenden.

Zweiter Teil der Rahmenerzählung

Nun wird die **Rahmenerzählung** fortgesetzt. Die Taufgesellschaft hat dem Großvater gebannt zugehört und erschrickt nun in der Erkenntnis, dass die Spinne in eben dem alten Pfosten sitzt, der ins neue Haus verbaut wurde. Die nächsten Speisengänge werden eingenommen, aber die Taufgesellschaft steht noch ganz im Bann der Erzählung und drängt den Großvater zu erzählen, was in den folgenden Jahrhunderten geschehen ist. Die Großmutter versucht vergeblich, den Bericht zu verhindern.

Zweite Binnenerzählung

Erinnerung an Spinne verblasst

Die zweite **Binnenerzählung** beginnt. Ca. 200 Jahre vergehen, in denen Generationen aufgrund ihres gottesfürchtigen Lebens von der Spinne verschont bleiben. Die Erzählung von der Spinne ist zwar noch bekannt, verblasst aber in der Erinnerung der Menschen im Tal immer mehr. Im Haus lebt zu diesem Zeitpunkt ein Mann namens Christen zusammen mit seiner Mutter und seiner Ehefrau. Während Christen als gottesfürchtig und freundlich beschrieben wird, gelten die beiden Frauen als herrschsüchtig und hochmütig. Wie die Christine der ersten Binnenerzählung sind sie Fremde. In ihrem Streben nach Luxus und Bequemlichkeit fordern sie von Christen, ein neues Haus zu bauen und setzen diese Forderung schließlich auch durch. Das neue Haus wird errichtet und bezogen, das alte Haus wird dem Gesinde überlassen, das dort zunehmend regellos lebt. Christen, der bei all seiner Freundlichkeit auch schwach ist, gelingt es nicht, das Leben des Gesindes im alten Haus zu kontrollieren.

Während also die Frauen der Familie im neuen Haus ein luxuriöses und wenig gottesfürchtiges Leben führen, ist es ein fremder, undurchschaubarer Knecht, der im alten Haus bestimmt. Dort verrohen die Sitten immer mehr. Er droht, um seinen Willen durchzusetzen, die Spinne zu befreien. An einem Heiligen Abend holt er mit einem Bohrer den Zapfen aus dem Loch und die Spinne ist befreit. Erneut kommt der Tod über das Tal. Die Spinne fordert Opfer um Opfer. Christen erkennt wie seine Vorfahrin, die junge Mutter der ersten Binnengeschichte, dass er sich opfern muss. Er zieht mit seinen Kindern in das alte Haus zurück und bereitet sich darauf vor, die Spinne erneut in den Pfosten einzuschließen. Eine »wilde Frau«, die kurz vor der Geburt steht, klagt Christen an und will, dass er ihr Kind zum Priester bringt, um es taufen zu lassen. Christen fühlt sich verpflichtet, diesen Wunsch zu erfüllen. Auf dem Weg zum Priester trifft er auf die Spinne. Er übergibt das Kind seinem kleinen Sohn, der ihn begleitet hat. Dieser soll das Kind zum Priester tragen. Christen selbst ergreift die Spinne, kehrt unter großen Schmerzen mit der Spinne in der Hand nach Hause zurück und sperrt sie, gegen den Widerstand des »wilden Weibs« (S. 109), das denkt, er habe sie und ihr Kind verraten, wieder in das Loch im Pfosten. Christen selbst stirbt am Gift der Spinne, aber das Kind kann

Verrohung der Sitten

getauft werden und das Tal ist von Not, Elend und Tod befreit. Erneut vollzieht sich ein Wandel mit den Menschen im Tal, der bis in die Erzählgegenwart der Rahmenerzählung anhält. Sie leben gottesfürchtig und sorgen für die Kinder Christens.

■ Dritter Teil der Rahmenerzählung

Die **Rahmenerzählung** wird fortgeführt. Der Großvater erklärt, dass die Familie im alten Haus wohnen geblieben sei und über die Jahrhunderte nur dann an gleicher Stelle ein neues errichtet habe, wenn dies nicht mehr zu vermeiden gewesen sei. Aber der alte Pfosten mit der Spinne sei in jedes neue Haus eingebaut worden, auch in das jetzige. Der Pfosten sei eine Mahnung. Man wolle nicht vergessen, »was Segen bringt und Segen vertreibt« (S. 114). Solange man ein gottesfürchtiges Leben führe, habe man von der Spinne nichts zu befürchten. Die Taufgesellschaft nimmt die Geschichte als Mahnung. Die Gäste brechen auf, als der Mond aufgeht.

# 3. Figuren

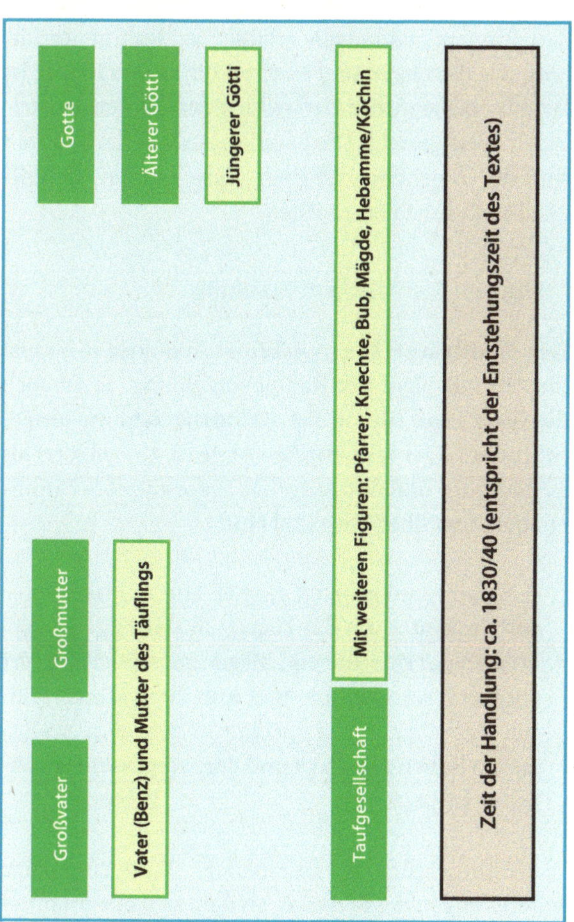


Abb. 1: Figurenkonstellation der Rahmenerzählung

Die Figurencharakterisierungen erfolgen entlang der Struktur des Textes, die sich aus der Rahmen- und den Binnenerzählungen ergibt. Der Rahmenerzählung wie der ersten und zweiten Binnenerzählung ist jeweils eine grafische Darstellung der Figurenkonstellation vorangestellt. Die handlungstragenden Figuren sind hervorgehoben und nur diese werden nachfolgend ausführlich besprochen.

## Figuren der Rahmenerzählung

- Der Großvater
- Große Autorität

**Der Großvater:** Der 75-jährige Großvater (S. 14) ist die zentrale Figur der Rahmenerzählung. Er ist auch die erste Figur, die in der Rahmenerzählung eingeführt wird. Der »ehrwürdige Alte« (S. 26) gebietet als anerkanntes und mit Autorität ausgestattetes Familienoberhaupt über Haus und Hof:

> »Langsam und gebeugt ging an einem Hakenstock der Großvater um das Haus, sah schweigend dem Treiben der Knechte und Mägde zu, streichelte hier ein Pferd, wehrte dort einer Kuh ihren schwerfälligen Mutwillen, zeigte mit dem Stecken dem unachtsamen Buben noch hier und dort vergessene Strohhalme […].« (S. 5)

Auch hinsichtlich der anstehenden Taufe sind seine Vorstellungen der Maßstab, an dem sich alle orientieren. So erklärt die Mutter des Täuflings der Köchin (und Hebamme) nachdrücklich unter Verweis auf den

Großvater, wie die Paten (Gevatterleute) zu bewirten sind: »Vergiss auch ja nicht, das Weinwarm zu rechter Zeit bereitzuhalten! Der Großvater würde meinen, es wäre nicht Kindstaufe, wenn man den Gevatterleuten nicht ein Weinwarm aufstellen würde« (S. 6). Auch bestimmt der Großvater, dass der Täufling zur Taufe getragen werden müsse: »›Der Großvater erlaubt auch nie, das Wägeli zu nehmen‹, sagte die junge Frau.« (S. 8) Die Beispiele belegen die große Autorität des Großvaters in allen Fragen.

Diese große Autorität erlaubt ihm auch, den jeweiligen Gesprächsgegenstand der Taufgesellschaft zu bestimmen und »wie alte Leute meist gewohnt sind, seinen Gegenstand [festzuhalten] und [...] unverdrossen den abgerissenen Faden immer neu wieder [anzuknüpfen]« (S. 15). Entsprechend ist es der Großvater, der die Spinnengeschichten erzählt. Nur er besitzt die Autorität, das Familiengeheimnis des alten Pfostens, in dem die Spinne gebannt ist, preiszugeben.

Glaubensfester Erzähler

Insgesamt kann der Großvater als glaubens- und bibelfester Erzähler charakterisiert werden. Dabei ist er durchaus erzählfreudig. Nach anfänglicher Weigerung lässt er sich ganz gerne dazu überreden, die Spinnengeschichten zu erzählen. Dies geschieht zunächst unter Druck und eher unwillig, »[...] bis er es endlich versprach, jedoch unter dem ausdrücklichen Vorbehalt, dass ihm dann lieber wäre, was er erzähle, bliebe unter ihnen und käme nicht weiter. So etwas scheuen gar viele Leute an einem Hause, und er möchte in seinen alten Tagen nicht gerne seinen Leuten böses Spiel machen.« (S. 26) Aber er ändert im Verlauf der Handlung seine Meinung und weist dem Erzählen am Ende der zweiten Binnenerzählung eine besondere Bedeutung zu: »Du hörst es meiner Alten [d. i. die Großmutter; H. W.] wohl noch an, wie ungern sie es hat, wenn man so öffentlich davon redet. Aber mich dünkt, es täte je länger je nöter, davon zu reden […]. Darum tue ich auch nicht mehr so geheim mit der Sache, […] und recht sei es nicht, ein Geheimnis mit dem zu machen, was Glück und Gottes Segen bringt.« (S. 114) Diese Veränderung weist ihn als durchaus dynamische Figur aus.

Insgesamt ist es folgerichtig, dass das mit großer Autorität ausgestattete Familienoberhaupt als der personale Erzähler der Binnenerzählungen fungiert. Keine andere Figur der Rahmenerzählung könnte diese Funktion übernehmen.

Die Großmutter

**Die Großmutter:** Unmittelbar nach dem Großvater wird die Großmutter in die Rahmenerzählung eingeführt. Schon diese Positionierung weist ihr eine besondere Rolle unter den weiblichen Figuren zu. Sie wird als Bäuerin präsentiert, die alle Aufgaben, die ihr nach Brauchtum und Sitte zugeschrieben sind, vorbildlich und aufmerksam ausführt:

> »[…] neben der Türe saß die Großmutter, schönes Brot schneidend in eine mächtige Kachel [Scheibe; H. W.], dünn und in eben rechter Größe jeden Bissen, nicht so unachtsam wie Köchinnen oder Stu-

> benmägde, die manchmal Stücke machen, an denen ein Walfisch ersticken müsste.« (S. 5)

Sie gebietet, freilich dem Großvater untergeordnet, über das Haus und trifft hier mit eigener Autorität aus einer konservativen Haltung heraus Entscheidungen. Die Einhaltung der Tradition ist ihr wichtig. So kommentiert sie etwa die verspätete Ankunft der Gotte mit dem Hinweis, dass früher so etwas nicht vorgekommen sei, da habe man gewusst, dass man an solchen Tagen zu rechter Zeit aufzustehen habe (S. 8). Auch achtet sie darauf, dass das Ansehen der Familie nach außen gewahrt wird, wie die Episode zeigt, in der die Taufgesellschaft zur Kirche aufbricht und die junge Mutter mitgehen möchte: »Aber die Großmutter sagte, so weit sei es doch noch nicht, dass ihre Sohnsfrau wie eine arme Frau in den ersten acht Tagen [nach der Geburt; H. W.] ihren Kirchgang tun müsse« (S. 13).

■ Traditionsbewusst

Schließlich ist es die Großmutter, die am deutlichsten dem Wunsch der Taufgesellschaft widerspricht zu erfahren, was es mit dem alten Pfosten im neuen Haus auf sich habe. Sie möchte das Familiengeheimnis wahren. Anders als der Großvater bleibt sie auch bei ihrer kritischen Haltung und versucht mit Nachdruck, nachdem es ihr schon nicht gelungen ist, die erste Erzählung zu verhindern, wenigstens die Erzählung der zweiten Spinnenepisode zu unterbinden:

■ Familiengeheimnis besser wahren

»[…] ›es wäre besser, man schwiege von der ganzen Sache, […] wenn ihr es zwingen wollet, so zwinget es meinethalben, aber gescheuter wäre es gewesen, man hätte jetzt von etwas anderm angefangen und besonders jetzt auf die Nacht hin‹, sagte die Großmutter.« (S. 92 f.)

Die Gotte

**Die Gotte:** Die junge Taufpatin, die Gotte, auch Götti genannt, ist bemüht, allen Ansprüchen, die an sie gestellt werden, gerecht zu werden. Dies zeigt sich in der Angemessenheit ihrer Kleidung, in der Großzügigkeit, mit der sie den Täufling beschenkt, und in ihrem Bemühen, alle Regeln einzuhalten. Dabei ist sie von der Angst beherrscht, etwas falsch zu machen, wie die Episode zeigt, in der sich die Taufgesellschaft auf dem Weg zur Kirche befindet. Die Gotte erschrickt, weil sie vergessen hat, nach dem Taufnamen des Täuflings zu fragen, um diesen dem Pfarrer gegebenenfalls nennen zu können. Die Tradition verbiete es, so ihre Vorstellung, dass sie nachträglich danach fragt (S. 16). Als die Situation sich auflöst, weil der Pfarrer den Namen des Kindes weiß (es erhält traditionsgemäß den Namen des Paten, Hans Uli), ist sie erleichtert und kann über ihre eigenen Ängste lachen. Sie ist demnach humorvoll und kann durchaus als selbstbewusst charakterisiert werden, wie sich etwa auch in ihrem Auftreten und Verhalten gegenüber den beiden männlichen Paten zeigt. Sie präsentiert sich als ideale Bauersfrau, die arbeiten kann (S. 13 f.), und damit zugleich gegenüber dem jüngeren männlichen Paten als Hei-

Traditionsbewusst

Selbstbewusst

ratskandidatin. Sie tritt der Kritik an dem Verhalten der Frauen ihrer Generation entgegen und erlaubt sich ihrerseits, die jungen Männer ihrer Generation zu kritisieren, etwa den jüngeren Götti, dem sie unterstellt, nicht heiraten zu wollen.

In der Rahmenerzählung ist es die Gotte, die die Handlung vorantreibt. Sie ist die erste, die sich zu den Männern gesellt, als diese sich nach dem Essen unter einem Baum versammeln (S. 24), dem Ort, an dem der Großvater die erste Binnengeschichte erzählt. Und sie reagiert als Erste, als der Großvater die Geschichte beendet, und artikuliert damit den Schauder, den alle empfinden: »›Was, dort im schwarzen Holz?‹, schrie die Gotte […] und kam nicht aus der Angst, die schwarze Spinne sitze ihr im Nacken.« (S. 89) Dies wiederholt sich, als die Taufgesellschaft erneut im Haus sitzt. Eine Fliege läuft über den Zapfen des Spinnenlochs, woraufhin die Gotte laut aufschreit und damit den Impuls zur Erzählung der zweiten Spinnengeschichte setzt (S. 92). Schließlich ist es die Gotte, die am Abend zum Aufbruch drängt und die Tauffeierlichkeiten beendet. Mehrfach äußert und handelt sie als Erste. Dies steht in einem interessanten Widerspruch zur ihrer einführenden Charakterisierung durch die Großmutter, die ihr unterstellt, immer zu spät zu kommen und damit mit der Tradition zu brechen. Diese Kritik erweist sich, wie gezeigt, als nicht zutreffend. Die Gotte als Angehörige der jüngeren Frauengeneration läuft nicht Gefahr, eine Frau wie die Christens in der zweiten Binnenerzählung zu sein,

Treibt Handlung voran

die mit ihrem Verhalten und dem Bruch mit der Tradition Not und Elend auslöst.

Älterer Götti / Vetter (Cousin)

**Der ältere Götti:** Einführend wird der ältere Götti als kleines, unscheinbares und alleinstehendes »Männchen« (S. 22) beschrieben. Dabei ist er wohlhabend und genießt nicht zuletzt deshalb große Anerkennung. Er gibt sich bescheiden und zugleich selbstbewusst. So äußert er sich beispielsweise frei und durchaus sehr kritisch gegenüber Frauen. Seine Warnungen vor den Frauen (»haben nur Narrenwerk und Hoffart im Kopf«, S. 22) verweisen auf die Binnenerzählungen. In der Rahmenerzählung hat er eine der Gotte ähnliche Funktion: Er treibt die Handlung voran. Zweimal ist er es, der den Großvater zum Erzählen bewegt und der darüber hinaus die Funktion des Erzählens selbst thematisiert: Erzählen als Zeitvertreib und als Ausdruck der Wahrheit: »›Hör, Ätti‹, sagte der Vetter, ›mache nicht Schneckentänze, sondern gib die Wahrheit an und aufrichtigen Bericht! Schon manches habe ich raunen hören, aber punktum das Wahre nie vernehmen können. […] du würdest uns damit so kurze Zeit machen […]!‹« (S. 26). So bewegt er den Großvater zum Erzählen. Abschließend, am Ende der zweiten Binnenerzählung und die Novelle insgesamt abschließend, formuliert er gemeinsam mit dem jüngeren Götti gewissermaßen das Fazit der Erzählung:

Treibt Handlung voran

»›Es ist nur schade, dass man nicht weiß, was an solchen Dingen wahr ist. Alles kann man kaum glauben, und etwas muss doch an der Sache sein, sonst wäre das alte Holz nicht da.‹ Sei jetzt daran wahr, was da wolle, so könne man viel daraus lernen, sagte der jüngere Götti und dazu hätten sie noch kurze Zeit gehabt, es dünke ihn, er sei erst aus der Kirche gekommen.« (S. 116)

Wie eingangs ausgeführt, kommt den weiteren Figuren keine handlungstragende Funktion zu. In der Summe bleibt die Taufgesellschaft anonym und auch die weitere Familie des Täuflings gewinnt kaum Kontur. Das gilt selbst für die Eltern des Täuflings. Taufgesellschaft und Familie bilden gemeinsam die Folie, vor der die Geschichte erzählt wird. Dabei wird das Bild einer harmonischen Gemeinschaft gezeichnet, die auch durch punktuelle Konflikte zwischen den Generationen, wie sie sich etwa zwischen den Frauenfiguren Großmutter und Gotte andeuten, letztlich nicht gestört wird. In dieser harmonischen Gemeinschaft hat die Spinne keine Chance. Sie bleibt im Pfosten gebannt.

Taufgesellschaft

## Figuren der ersten Binnenerzählung

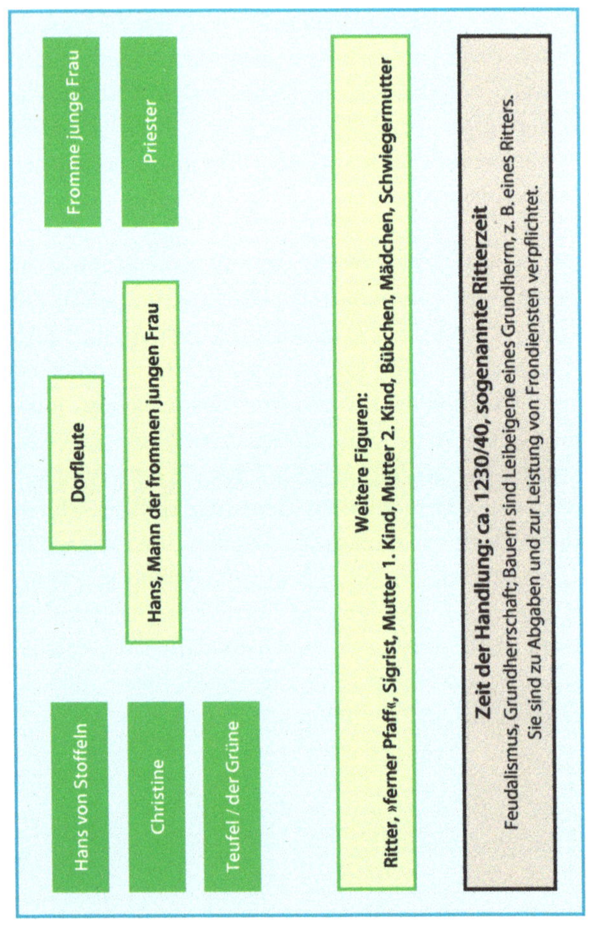


Abb. 2: Figurenkonstellation der ersten Binnenerzählung

**Hans von Stoffeln:** Der Ritter ist Komtur (Befehlshaber) in Sumiswald. Die historisch belegte Figur des Hans von Stoffeln ist in Aussehen, Auftreten und Herkunft ein übermächtiger, brutaler und fremder Herrscher über die Bauern des Tals. Von Stoffeln wird als »wilder« Mann beschrieben, wobei sich seine Wildheit sowohl auf sein Aussehen als auch auf sein Verhalten bezieht: »[...] ein wilder, mächtiger Mann, der einen Kopf hatte wie ein doppelt Bernmäß, Augen machte wie Pflugsräder und einen Bart hatte wie eine alte Löwenmähne.« (S. 30) Wenn er wütend wurde, »begann der Zorn des Ritters Kopf größer und größer zu schwellen, und seine Stimme brach los wie der Donner aus einer Fluh« (S. 31).

Hans von Stoffeln

Ein »wilder« Mann

Von Stoffeln ist kein Angehöriger einer der eingesessenen Herrscherfamilien, sondern ein Fremder. Er stammt aus dem Schwabenland, wie eine Reihe von Rittern des Schlosses vor ihm, die alle als die »Teutschen« (S. 27) bezeichnet werden. Sie kehren aus Kriegen gegen die Heiden zurück. Dort, so heißt es im Text, hatten sie sich an das »heidnische Leben« gewöhnt und »gingen mit andern Menschen um, als ob kein Gott im Himmel wäre« (S. 28). Ihre Herrschaftsausübung ist rücksichtslos und überschreitet die Grenzen des Gebotenen: »Gar ungleich hatten es damals die Menschen [...]. Die, welche zu diesem Schlosse gehörten, sollen es schlimmer gehabt haben zuzeiten als die meisten, welche zu andern Schlössern gehörten.« (S. 27) Von Stoffeln verlangt von den Bauern den Bau eines Schlosses auf dem Bärhegenhubel und frag-

Fremder

Heidnisches Leben

te dabei nicht nach dem »von der Jahreszeit gebotenen Werk, nicht nach dem Heuet, nicht nach der Ernte, nicht nach dem Säet. Soundso viel Züge mussten fahren, soundso viel Hände mussten arbeiten, zu der und der Zeit sollte der letzte Ziegel gedeckt, der letzte Nagel geschlagen sein. Dazu schenkte er keine Zehntgarbe, kein Mäß Bodenzins, kein Fasnachthuhn, ja nicht einmal ein Fasnachtei« (S. 28 f.). Von den Rittern, mit denen von Stoffeln auf dem Schloss haust, angestachelt, verlangt er von den Bauern zusätzlich, innerhalb eines Monats einen Schattengang aus hundert ausgewachsenen Buchen zu pflanzen. Das dreifach »sollt« (»sollt [...] pflanzen, sollt hundert ausgewachsene Buchen nehmen [...], sollt sie mir pflanzen auf Bärhegen«, S. 31), zitiert die Sprache Gottes bei der Verkündigung der Gebote. Von Stoffeln überschreitet damit auch sprachlich seine menschlichen Grenzen.

Charakterschwäche

Diese übermäßige Forderung legt zugleich die Charakterschwäche von Stoffelns offen, denn er hat sich zu dieser »Unbesonnenheit« (S. 51) nur durch die Ritter provozieren lassen. Er erkennt, dass die Pflanzung des Schattengangs eine übermäßige Belastung der Bauern darstellt, reflektiert dies aber lediglich im Hinblick auf seine eigene Situation: »denn wenn die Bauren zugrunde gingen, die Felder unbestellt blieben, so hatte die Herrschaft den größten Schaden dabei; [...] Die Erleichterung, welche die Bauren sich verschafft, war ihm daher ganz recht, und ganz gleichgültig, ob sie dafür ihre Seelen verschrieben; denn was gingen ihn der Bauren Seelen an« (S. 51). Das Unheimliche und die Bedrohung, die von der Pflanzung ausgehen, nimmt er wahr, den Schattengang empfindet er als »graulicht« (S. 54). Als die Gefahr, die von der Spinne ausgeht, auch im Schloss ankommt, hat er zwar Angst, legt aber auch hier das Gefühl der Überlegenheit gegenüber den Bauern nicht ab, denn er »meinte, Gott werde einen Unterschied zu machen wissen zwischen einem Ritter und einem Bauer, hätte er sie doch sonst nicht so verschieden erschaffen« (S. 82). Diesen Unterschied macht die Spinne freilich nicht und von Stoffeln und seine Ritter fallen ihr zum Opfer.

Teufel / »Der Grüne«

**»Der Grüne« / der Teufel:** Der Teufel erscheint den Bauern in Gestalt eines »grüne[n] Jägersmann[s]« (S. 32); daher die im weiteren verwendete Bezeichnung »der Grüne« (S. 33). Er wird beschrieben als »lang und dürr« (S. 32). »Auf dem kecken Barett schwankte eine rote Feder, im schwarzen Gesichte flammte ein rotes Bärtchen, und zwischen der gebogenen Nase und dem zugespitzten Kinn, fast unsichtbar wie eine Höhle unter überhangendem Gestein, öffnete sich ein Mund« (S. 32 f.). Diese Beschreibung wird im Verlauf der ersten Begegnung des Grünen mit den Bauern zwei Mal wiederholt (S. 33, 35) und die teuflischen Attribute dabei intensiviert: Sein schwarzes Gesicht wird noch schwärzer, das rote Bärtchen noch röter und »es schien darin zu knistern und zu spretzeln wie Feuer im Tannenholz«, sein Mund spitzte sich »wie ein Pfeil« (S. 33). Wie bei einer Schlange funkeln seine

Augen und ein »gräulich Lachen« (S. 33) steht in beiden Mundwinkeln.

Verführer

Dies geht einher mit seinem intensiver werdenden Bestreben, die Bauern zu einem Pakt mit ihm zu verführen. Dabei zeigt er sich zunächst zugewandt und verständnisvoll, ganz als ob er ihre Not teile: »Wenn euch aber Leute fragen, was ihr hättet, Leute, die es gut mit euch meinen, [...] so solltet ihr, [...] ein vernünftig Wort reden« (S. 33). Es gelingt ihm, sie zum Reden zu bringen. So kann er ihnen sein »Angebot« unterbreiten, das den Bauern Hoffnung macht. »Als die armen Bauren das Wort Gespann hörten, fiel es ihnen allen ins Herz, ward da zu einem Hoffnungsfunken, und alle Augen sahen auf ihn« (S. 34). Seinen Preis – ein ungetauftes Kind – wollen sie freilich nicht zahlen und laufen davon. Als der Teufel drei Tage später erneut erscheint, ergreifen die Bauern wiederum die Flucht. Christine aber, die Ehefrau eines Bauern, bleibt und lässt sich, wie die Männer vor ihr, in ein Gespräch verwickeln. Auch hier ist der Teufel zunächst zugewandt und schmeichelt ihr, sodass sie sich auf ihn einlässt. Auch hier lässt er über den »Preis« nicht mit sich reden. Er nötigt Christine zum Pakt und besiegelt diesen mit einem Kuss auf ihre Wange: »von hübschen Weibern begehre er nie eine Unterschrift« (S. 43). Damit hat er Christine gewissermaßen stellvertretend für die Dorfgemeinschaft in der Hand.

Der Teufel erweist sich als »vertragstreu«, lässt sich allerdings nicht, wie die Bauern zunächst hoffen, betrügen. Andererseits sind seine Grenzen unmittelbar deutlich. Über glaubensfeste Menschen und christliche Symbole hat er keine Macht: »die drei höchsten heiligen Namen«, das Kreuz und Weihwasser genügen, und es »fährt mit fürchterlichem Wehegeheul der Grüne von dannen« (S. 76).

Grenzen des Teufels

**Christine:** Die Frau des Hornbachbauern, ist von Herkunft – sie stammt aus Lindau am Bodensee – und Verhalten eine Fremde. Ihr Ehemann ist zu ihr »gekommen«, »als er einmal mit seinem Herrn zu Felde« (S. 39) zog. Christine wird beschrieben als »grausam handlich Weib« mit wilden, schwarzen Augen, das sich »nicht viel vor Gott und Menschen« fürchtet (S. 36). An anderer Stelle wird sie als »vermessen« (S. 58) charakterisiert.

Christine

Eine »vermessene« Fremde

Mit der Rolle einer Frau, die sich um nichts kümmert als um Haus und Kind, gibt sie sich nicht zufrieden (S. 39). »Christine wollte wissen, was ging, und wo sie ihren Rat nicht dazu geben konnte, da ginge es schlecht, so meinte sie.« (S. 39) Entsprechend verhält sie sich nicht still und zurückhaltend, sondern tritt selbstbewusst auf. »Da kam rasch, dass es fast pfiff, wie der Wind pfeift, […] ein Weib« (S. 39). In der Gemeinschaft des Dorfes mit ihren festgefügten Rollenvorstellungen ist Christine eine Außenseiterin und wird »als Fremde […] übel geplaget« (S. 47), wie sie selbst es ausdrückt. Die Frauen hätten ihr einen »übeln Namen angehängt, die Männer sie allenthalben im Stiche gelassen« (S. 47).

Untypisches Rollenverständnis

In der Not, in der sich die Dorfgemeinschaft durch die unangemessene Forderung des Hans von Stoffeln befindet, verachtet sie das Verhalten der Männer sowohl gegenüber von Stoffeln als auch ihre Flucht vor dem Teufel: »Böse war es das Weib, [Christine] schon geworden, dass die Männer dem Ritter nicht rundweg das Begehren abgeschlagen; wenn es dabei gewesen, es hätte ihm es sagen wollen [...]. Als sie vom Grünen hörte und seinem Antrage, und wie die Männer davongestoben, da ward sie erst recht böse und schalt die Männer über ihre Feigheit« (S. 36). Christine dagegen handelt. Sie ist es, die den Pakt mit dem Teufel schließt. Hier zeigt sich einerseits ihre Stärke – sie will sich dem Schicksal nicht einfach ergeben. Andererseits handelt sie in großer Selbstüberschätzung. In dieser Selbstüberschätzung unterlaufen ihr gleich mehrere Fehler: Zum einen erkennt sie nicht, dass der Teufel sie umschmeichelt und dadurch manipuliert. So nennt er sie etwa »schön Weibchen« und »mutig« (S. 41). Zum anderen meint sie, ihn übertölpeln zu können (S. 41 f.). Schließlich gibt sie sich dem Trugschluss hin, den Pakt nur stellvertretend für die Männer zu schließen. Dass sie sich als Person ganz und gar in die Hände des Teufels begibt, ist ihr nicht klar. Sie wird zu seinem Werkzeug, setzt in der Qual, die sie erleidet, nicht nur alles daran, den Pakt zu erfüllen, sondern verwandelt sich letztlich selbst in die todbringende Spinne.

Stärke und Selbstüberschätzung

**Fromme junge Frau:** Die namenlose fromme, junge Frau, Christines Schwägerin, die im Dorf das dritte Kind nach dem Pakt mit dem Teufel zur Welt bringen wird, ist gewissermaßen Christines Gegenspielerin. Sie ist es, die gar bitterlich weint, als die Männer billigen, dass sich Christine mit dem Teufel einlässt (S. 48). Zusammen mit einem »alt, ehrwürdig[en] Weib« (S. 48), der Großmutter, will sie als einzige das Angebot des Teufels nicht annehmen, bleibt aber in dieser Situation passiv, isoliert und hilflos. Sie überwindet allerdings ihre Hilflosigkeit und Passivität, indem sie sich dem Kampf mit der Spinne stellt. Sie ist es, die das Loch in den Fensterpfosten bohrt, in das sie die Spinne einsperren kann. Sie opfert sich und kann dadurch das Leben ihres Kindes retten. Ihr Handeln wandelt die Menschen im Tal zum Guten: »Als die Leute die Spinne eingesperrt wussten, sie ihres Lebens wieder sicher [waren], […] hielten [sie] sich zu Gott und flohen den Teufel, und auch die Ritter, die frisch eingezogen waren ins Schloss, hatten Respekt vor Gottes Hand und hielten milde die Menschen und halfen ihnen auf.« (S. 93)

■ Fromme junge Frau

■ Opfert sich

**Hans, der Ehemann der frommen jungen Frau:** Hans ist nicht nur der Ehemann der jungen frommen Frau, sondern auch der Schwager Christines, er steht somit zwischen den beiden Frauen. Er steht zugleich stellvertretend für die Männer des Dorfes, die selbst den Pakt mit dem Teufel nicht schließen wollten, ihn aber doch billigen. Wie diese nährt er die Vorstellung

■ Ehemann der frommen jungen Frau

in sich, für den Pakt nicht verantwortlich gemacht werden zu können. Christine kann ihn überzeugen, die Ankunft des Priesters bei seinem neugeborenen Kind hinauszuzögern, um ihr so die Chance zu eröffnen, das Kind an sich zu nehmen und dem Teufel zu übergeben: »[…] und jedenfalls, es möge nun gehen, wie es wolle, so hätte er an der ganzen Sache keine Schuld, sobald er nicht mit selbsteigenen Händen dabei tätig sei.« (S. 68) Gleichwohl spürt er, dass er sich auf diese Weise nicht aus der Verantwortung stehlen kann. So wird er immer wieder von Gewissensbissen geplagt: »es war etwas in ihm, das ihn trieb, […] es war das Gewissen […]. Aber dann hielt ihn wieder ein anderes, und das war stärker als das erste, es war die Furcht vor den Menschen, die Furcht vor dem Teufel und die Liebe zu dem, was dieser ihm nehmen konnte.« (S. 71), also seinen Besitz.

■ Von Gewissensbissen geplagt

**Priester:** Der namenlose Priester kann als Gegenspieler des Teufels bezeichnet werden. Gemeinsam mit der frommen jungen Frau und der Großmutter kämpft er gegen den Teufel und gegen Christine als dessen Werkzeug. Der Priester kann als äußerst fromm und furchtlos charakterisiert werden. Selbst von Stoffeln und die anderen Ritter im Schloss wagen es nicht, ihn zu demütigen. Er nimmt den Kampf gegen den Teufel auf und ist bereit, sich selbst zu opfern. Obgleich er sich bedingungslos einsetzt, bleibt er unter den Leuten des Dorfes weitgehend isoliert. Sie sehen in ihm lediglich die Möglichkeit, den Teufel zu über-

■ Priester

■ Fromm und furchtlos

listen. Mit seinen Mahnungen dringt er nicht zu ihnen durch.

**Weitere Figuren:** Als weitere Figuren sind zu nennen: der junge Polenritter, ferner Pfaffe, Ritter, Dorfleute, darunter Christines Mann (Hornbachbauer), die Mutter des ersten Kindes, Mutter des zweiten Kindes, Bübchen, Mädchen, Schwiegermutter und Sigrist.

■ Weitere Figuren

## Figuren der zweiten Binnenerzählung

**Christens Mutter:** Mit Christens Mutter wird die zweite Binnenerzählung eingeleitet. Bereits im ersten Satz wird eine Verbindung zur Christine der ersten Binnenerzählung hergestellt. Wie diese ist sie eine Fremde, die ihr »in vielen Stücken« glich (S. 97). Ähnlich sind sie sich darin, nicht die Rolle einer dem Manne untergeordneten Frau einnehmen zu wollen. Wie Christine wird sie als »vermessen« charakterisiert. Im Text wird sie durchgängig als »Meister« bzw. »Meisterweib« (z. B. S. 97, 100) bezeichnet. Ihre hervorstechendsten Eigenschaften sind Hochmut, Hoffart und Prunksucht. Christens Mutter hat ihrem Sohn eine Frau ausgesucht, die ihr ähnlich ist. Im Verbund mit dieser drängt sie Christen, das alte Haus, in dem die Spinne im Loch sitzt, zu verlassen und ein neues zu bauen, das ihren luxuriösen Ansprüchen genügt. In »hoffärtiger Ungeduld« (S. 98) schikanieren beide das Gesinde und das Vieh und zeigen damit ein Verhalten

■ Christens Mutter

■ Ähnlichkeit zu Christine

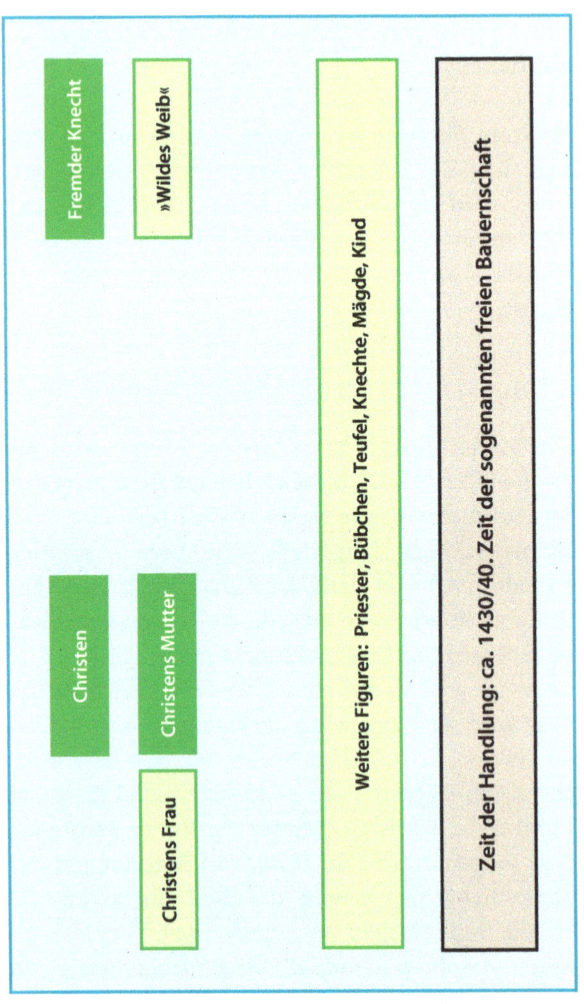


Abb. 3: Figurenkonstellation der zweiten Binnenerzählung

ähnlich dem des Ritters von Stoffeln der ersten Binnenerzählung. Mit dem Umzug in das neue Haus mehren sich rasch die Vorzeichen nahenden Unglücks. Auf dem neuen Haus scheint kein Glück zu liegen, was Nachbarn und Gäste wahrnehmen, die beiden Frauen allerdings »hörten nichts oder achteten sich dessen nicht, mit dem neuen Hause meinten sie alles gewonnen« (S. 99). Auf diese Weise treiben sie die Handlung voran: Im alten Haus wird die Spinne befreit und der Kampf zwischen Gott und Teufel, Gut und Böse beginnt erneut.

Christen

**Christen:** Christen ist ein »schöner Bube, hatte ein gutes Gemüt und war freundlich mit Mensch und Vieh« (S. 97). Er kann sich allerdings weder gegen seine Mutter noch gegen seine Frau durchsetzen; dabei leidet er unter seiner Willensschwäche und fehlenden Durchsetzungsfähigkeit (»weinte [...] oft bitterlich«, S. 98). Auch den Neubau des Hauses kann er nicht verhindern, obgleich er überzeugt ist, dass der »Familiensegen an das Familienhaus geknüpfet« (S. 98) ist. Das Gesinde, das im alten Haus lebt, steht unter seiner Aufsicht, aber auch hier vermag er sich nicht durchzusetzen, sodass die Sitten verrohen und die Situation auf die Katastrophe, die Befreiung der Spinne, ungehindert zuläuft.

Im Verlauf der Handlung sieht er diese Schwäche als seine Schuld, die zur Befreiung der Spinne geführt hat. Entsprechend nimmt er die Schuldzuweisungen, die sein Umfeld vornimmt, an, gewinnt letztlich aber

Gewinnt an Stärke

genau daraus Entschlusskraft und Stärke: »Er aber betete Tag und Nacht zu Gott, dass er das Übel wende [...]. Er ward es inne, dass er gutmachen müsse, was er gefehlt, dass er sich selbst zum Opfer geben müsse, dass an ihm liege die Tat, die seine Ahnfrau getan.« (S. 107) Als Ahnfrau wird hier die fromme junge Frau der ersten Binnenerzählung bezeichnet, der es gelungen war, die Spinne einzusperren. Insofern zeigt sich Christen als dynamische Figur, die in ihre Verantwortung hineinwächst und erfolgreich agiert. Es gelingt ihm, die Spinne ins Loch zu bannen und die Seele des neugeborenen Kindes vor dem Teufel zu retten, indem er sich selbst opfert.

Fremder Knecht

**Fremder Knecht:** Der fremde Knecht, der die Spinne an einem Weihnachtsabend aus ihrem Loch befreit, wird als eine »seltsame« (S. 101), eigentlich unheimliche Figur gezeichnet. Seine Herkunft ist unklar, seine ganze Person ist in Aussehen und Verhalten nicht zu fassen. »Er hatte ungleiche Augen, aber man wusste nicht von welcher Farbe [...]. Sein Haar war schön gelockt, aber man wusste nicht, war es rot oder falb, [...] schien aber die Sonne darauf, so hatte kein Eichhörnchen einen rötern Pelz.« (S. 102) Darin ähnelt sein Aussehen dem des Teufels und er »lachte [...] wie der Teufel selbst« (S. 103). Er kann Menschen gleichermaßen manipulieren (»Von den Knechten meinte ein jeder, er sei sein Freund«, S. 102) wie bedrohen (konnte »reißend wie ein Wolf« sein, S. 101). So dominiert er das Gesinde im alten Haus. Beschrieben wird die kontinuierliche Steigerung der Gotteslästerung, die schließlich in der Befreiung der Spinne ihren Höhepunkt findet.

Weitere Figuren

**Weitere Figuren:** Als weitere Personen sind Christens Frau, das wildes Weib, das Kind, Mägde, der Priester, das Bübchen, Knechte und der Teufel zu nennen.

# 4. Form und literarische Technik

Im Folgenden wird der Aufbau der Novelle erläutert. Die Textsorte selbst wird im Kapitel 6 »Interpretationsansätze« sowie im Kapitel 11 »Begriffe und Definitionen« thematisiert.

## Aufbau

Der Text ist als dreiteilige Rahmenerzählung aufgebaut, in die zwei Binnenerzählungen eingefügt sind.

Das Schema zeigt einen symmetrischen Aufbau mit einem regelmäßigen Wechsel zwischen Rahmen- und Binnenerzählungen. Dadurch werden zwei Erzählebenen erzeugt, die mehrere hundert Jahre umfassen. Dabei bildet die Rahmenerzählung die Erzählgegenwart ab und umfasst die Dauer eines Tages, vom Sonnenaufgang bis zum Sonnenuntergang.

Die Binnenerzählungen als Rückblenden greifen ca. 600 Jahre (erste Binnenerzählung) bzw. 400 Jahre (zweite Binnenerzählung) zurück.

Bei aller Regelmäßigkeit des Aufbaus sind die einzelnen Erzählabschnitte doch unterschiedlich umfangreich. Dies gilt sowohl für die Teile der Rahmenerzählung als auch für die beiden Binnenerzählungen.

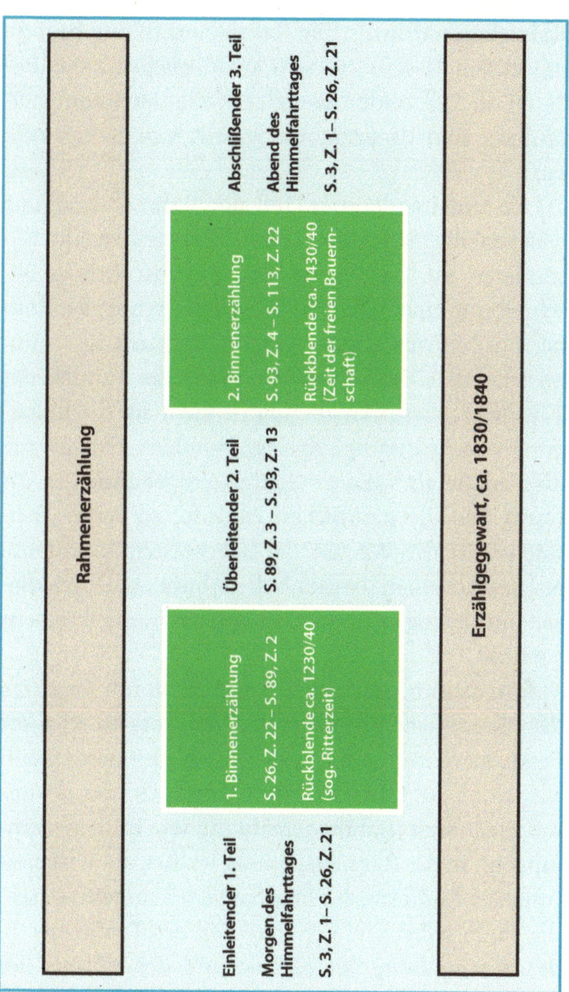


Abb. 4: Aufbau der Erzählung

Umfang der Rahmenerzählung

**Rahmenerzählung:** Die Rahmenerzählung beginnt mit einem 23-seitigen, sehr ausführlichen einleitenden Teil. Die beiden weiteren Teile der Rahmenerzählung sind dagegen mit jeweils vier Seiten sehr kurz.

Erster Teil der Rahmenerzählung

Der einleitende erste Teil der Rahmenerzählung weist dabei einen Aufbau vom Allgemeinen zum Besonderen auf. Zu Beginn steht die ausführliche Beschreibung einer ländlichen Idylle im Schein der Sonne. Im Zentrum dieses Naturbildes steht in »sonntägliche[m] Glanz« (S. 3) das Haus der Familie des Täuflings. Diese Darstellung ist nicht auf die Erzeugung von Spannung angelegt, sondern zielt darauf, die Familie als soziales Gefüge, eingebunden in die Natur und die natürlichen Abläufe, zu zeigen, beispielsweise den Wechsel der Jahreszeiten. Kultur und Natur erscheinen harmonisch verbunden. Durch diese Hinführung wird die Rahmenerzählung ihrerseits gerahmt.

Engführung der Perspektive

Anschaulich lässt sich dieser Aufbau mit Begriffen der Filmsprache erläutern. Aus der Totalen wird die Perspektive immer enger geführt bis hin zur Detailaufnahme des Hauses als dem Schauplatz der gesamten Erzählung (Rahmenerzählung wie Binnenerzählungen). In der Rahmenzählung ist dies die Vorbereitung des Tauffests, der Empfang der Taufgesellschaft, die Taufe selbst und der erste Teil des Taufmahls. In der Beschreibung der Familie und des Ablaufs des Fests steht das Typische, aus Geschichte und Brauchtum Überlieferte, im Zentrum: Das gilt für das Tauf-

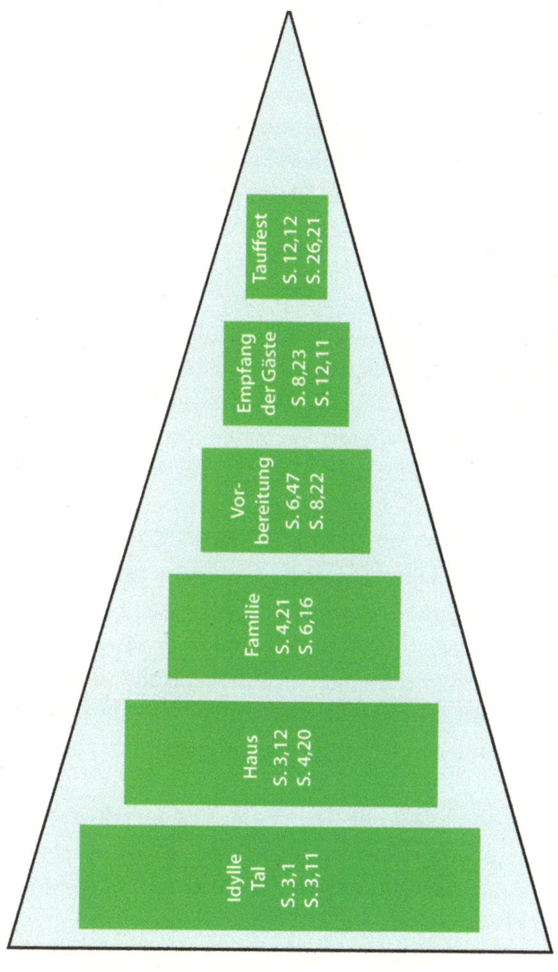


Abb. 5: Erster Teil der Rahmenerzählung: Engführung der Perspektive

essen genauso wie für den Ablauf der Mahlzeiten, über die alten Ritualen folgende Taufzeremonie bis hin zur Kleidung und den Gesprächen.

Geordnete Welt

Alles in dieser Welt hat seinen Platz und folgt einer (alten) Ordnung, die sich auf unterschiedlichen Ebenen zeigt: Ordnung der Natur, die beispielsweise im Wechsel der Jahreszeiten oder im Tag- und Nachtrhythmus deutlich wird. Ordnung der Gesellschaft, repräsentiert durch die Familie: Im Haus werden die Gäste empfangen, Gemeinsamkeit zwischen den Menschen stellt sich über die gemeinsamen Mahlzeiten her.

Zweiter und dritter Teil der Rahmenerzählung

Die beiden weiteren Teile der Rahmenerzählung sind dagegen sehr kurz. Sie umfassen jeweils nur ca. vier Seiten, wobei im zweiten überleitenden Teil der Rahmenerzählung (S. 89–93) eine zeitliche Differenz von ca. 200 Jahre zwischen der ersten und zweiten Binnenerzählung überbrückt wird. Dies ist deshalb möglich, weil die Taufgesellschaft gewissermaßen noch im Bann der ersten Spinnenepisode steht, den Pfosten im Blick hat, in den die Spinne eingeschlossen ist, und der somit in die Erzählgegenwart hineinragt.

Der abschließende Teil der Rahmenerzählung beinhaltet die Verabschiedung der Taufgesellschaft und den Ausblick auf die weite ländliche Idylle bei Mondenschein. Er ist somit, obgleich deutlich kürzer, spiegelsymmetrisch zum einleitenden Teil der Rahmenerzählung gebaut.

**Binnenerzählungen:** Wie die Teile der Rahmenerzählung sind auch die beiden Spinnenepisoden (Binnenerzählungen) unterschiedlich umfangreich.

Erste Binnenerzählung

Der 63-seitigen ersten Binnenerzählung folgt eine mit nur etwa 20 Seiten deutlich kürzere zweite Spinnenepisode.

Wie der erste Teil der Rahmenerzählung eine weite Perspektive eröffnet, so greift auch die erste Binnenepisode geschichtlich weit zurück. Dabei wird ein historischer Bogen stichpunktartig von der Besiedlung des Emmentals bis zu den zeitgeschichtlichen Hintergründen der sogenannten Ritterzeit gespannt, in der die Spinnenepisode spielt. Die Landschaft und der Ort sind demnach identisch mit denen der Rahmenerzählung. Die Vorzeichen könnten aber nicht unterschiedlicher sein. Wo in der Rahmenerzählung Harmonie herrscht, ist die Ordnung hier vollständig gestört durch die handelnden Figuren, die fremden Ritter, die über das Tal herrschen und die die ihnen leibeigenen Bauern mit unmäßigen Forderungen (Bau des Schlosses und des Schattenganges) in Not bringen. Der Beschreibung und Charakterisierung der handelnden Figuren wird in der ersten Binnenerzählung breiter Raum gegeben. Namentlich sind dies der Ritter Hans von Stoffeln und Christine, die den Pakt mit dem Teufel schließt. Es fällt auf, dass diese beiden als Fremde ins Tal gekommen sind, dass also die Störung der Ordnung von Fremden ausgeht und zu Not, Elend und Tod führt. Ausführlich wird auch das Böse in der Figur des Teufels (des »Grünen«, S. 33) beschrieben. Dies gilt sowohl für sein Aussehen als auch für die Strategie, die er anwendet, um an eine ungetaufte Seele zu gelangen. Ebensolchen Raum nehmen die Gegenspieler ein, denen es letztlich gelingt, das Böse, symbolisiert durch die Spinne, zu bannen. Diese Schwerpunktsetzung auf die Figuren macht deutlich, dass es weniger um die konkreten historischen Gegebenheiten als um die Umstände geht, die es dem Bösen in Gestalt des Teufels ermöglichen, in die Welt einzubrechen. Dies ist der Verfall der hergebrachten »guten Sitten«, sichtbar insbesondere in der Abwendung von einem gottgefälligen und gottesfürchtigen Leben.

Zweite Binnenerzählung

Die zweite Binnenerzählung, die ca. 200 Jahre später spielt, fällt deutlich kürzer aus. Dies ist möglich, weil die Ursache für den (erneuten) Ausbruch der Spinne bereits in der ersten Binnenerzählung erklärt ist. Erneut sind es nicht die konkreten historischen Gegebenheiten, die Not, Elend und Tod über das Tal bringen, sondern die Verhaltensweisen fremder Menschen, von denen das Böse ausgeht, hier die »Meisterweiber« (S. 100) und der fremde Knecht. Neben dieser Gemeinsamkeit gibt es eine weitere im Aufbau der Binnenerzählungen. Die Abwehr des Bösen gelingt jeweils durch die Opferbereitschaft einer gottesfürchtigen jungen Mutter bzw. eines jungen Vaters. Die Bannung der Spinne im Pfosten vollzieht sich mit der gleichzeitigen Taufe des neugeborenen Kindes, das so vor dem Teufel gerettet wird. Bannung und Rettung führen jeweils zur Hinwendung zum Guten, das ist im Text ein gottgefälliges Leben.

Es lässt sich demnach neben der Symmetrie des Gesamtaufbaus auch ein symmetrischer Aufbau in den Details der Teilerzählungen erkennen: Die Ordnung wird gestört durch die Abwendung von Gott und Missachtung der Tradition – Ausbruch des Bösen und sich steigernde Not und Strafe bis zum Wendepunkt, der jeweils in der Taufe des neugeborenen Kindes und der Bannung der Spinne besteht – Wiederherstellung der Ordnung durch Hinwendung zum Guten. Es ist besonders interessant, dass dieses Muster auch im ersten Teil der Rahmenerzählung, wenn auch in deutlich abgemilderter Form, erkennbar ist. Hier ist es die Gotte, die auf dem Weg zur Kirche plötzlich bemerkt, dass sie den Namen des Täuflings nicht weiß, diesen aber wissen müsste (Störung der Ordnung). Ihre Angst steigert sich bis zum Höhepunkt, der Taufzeremonie des Kindes (Steigerung der Not). Die Taufzeremonie wird ohne Zwischenfälle vollzogen und die Angst der Gotte ist gebannt (Wiederherstellung der Ordnung). Die Episode wird von der übrigen Taufgesellschaft mit Lachen zur Kenntnis genommen. Es ist nichts Schlimmes passiert, die Störung war harmlos, aber der Verweis auf die drohende Gefahr der folgenden Binnenerzählungen ist doch deutlich, wenn auch parodistisch verfremdet: Es muss nicht viel passieren, um die Ordnung zu stören.

## Wie aus den Teilen ein Ganzes wird

Neben den Parallelen im Aufbau der einzelnen Teile der Erzählung, sind es Motive und Symbole (Taufe, Pfosten, Spinne), die die Teile zu einem Ganzen verbinden.

Motiv der Taufe

Das Motiv der Taufe ist in der Rahmenerzählung wie in den Spinnenepisoden zentral. In der Rahmenerzählung ist sie überhaupt der Anlass dafür, dass sich die Gesellschaft versammelt. In den beiden Spinnenepisoden bilden die Taufen jeweils den Höhe- und Wendepunkt. Mit den Taufen werden die Neugeborenen in die christliche Gemeinschaft aufgenommen und dadurch dem Teufel entzogen, der gegen das Sakrament machtlos ist. In der Taufe stellt sich die Ordnung wieder her. In der ersten Spinnenepisode muss der Priester den Teufel durch die Taufen dreimal abwehren, wobei sich die Plagen steigern. In der zweiten Spinnenepisode ist es die Verunglimpfung der Taufzeremonie in einer Hundetaufe durch den fremden Knecht selbst, die keinen stärkeren Kontrast zur christlichen Taufe darstellen könnte. Auch der Wunsch des »wilden Weibe[s]« (S. 109), Christen möge dafür sorgen, dass ihr Kind getauft werde, erscheint als äußerliches Schutzbedürfnis und nicht als Ausdruck einer Glaubensüberzeugung. Alle in den Binnenerzählungen vollzogenen Taufen sind Nottaufen, die in äußerster Eile erfolgen müssen, um die Kinder in die christliche Gemeinschaft aufzunehmen, was gerade noch gelingt. In deutlichem Kontrast dazu steht die Taufzeremonie der Rahmenhandlung, die einen ganzen Tag in Anspruch nimmt, in der jedem Teil der Zeremonie die ihm gebührende Zeit eingeräumt wird und die somit selbst Ausdruck von Harmonie und Frieden ist.

Das titelgebende Motiv der Spinne ist wie die Taufe in allen Teilen der Erzählung präsent und entwickelt sich fort. Die Spinne wird in der ersten Binnenerzählung durch den Pakt mit dem Teufel und dem besiegelnden Kuss auf Christines Wange »gezeugt«. Als das erste Kind dem Teufel durch die Taufe entzogen wird, schwillt die Stelle auf ihrer Wange an und entwickelt sich zu einer grässlichen Kreuzspinne. Anlässlich der zweiten Taufe gebiert die Spinne schwarze Spinnchen, die ihr »ähnlich wie Kinder der Mutter« (S. 63) sind. Sie fallen über das Vieh her und töten es. Bei der dritten Taufe schließlich verwandelt sich Christine selbst in die Spinne und steigert Not und Elend im Tal. Sie fällt nun auch über die Menschen her. Gebannt wird die Spinne durch das Opfer der jungen Mutter, die sie in den Pfosten sperrt. Dort harrt sie aus und »schnurr[t]« (S. 91), wenn die Gebote nicht mehr ernsthaft eingehalten werden. Ihre Zeit ist 200 Jahre später gekommen, als sie durch das sittenlose Treiben des Gesindes befreit wird und erneut unter den Menschen im Tal wütet. Die erneute Bannung durch Christen hält sie bis in die Gegenwart der Erzählung, also seit 400 Jahren gefangen. In der Rahmenerzählung ist sie auch präsent, zeigt sie doch das Maß an Gottesfurcht und schlechtem Gewissen für die Familie an und wird zum Gegenstand des Gesprächs.

- Die Spinne als Leitmotiv
- Symbol für das Böse

Der Pfosten als Dingsymbol (Falke)

Der Pfosten umschließt die Spinne. In ihm ist sie gefangen. Er grenzt das Böse ab. Über die Jahrhunderte immer wieder in die neuen Häuser eingebaut, ragt er aus der Vergangenheit in die Erzählgegenwart dinglich hinein. An ihm entzündet sich das Erzählen überhaupt und er dient hier gewissermaßen als Beweis für den Wahrheitsgehalt des Erzählten.

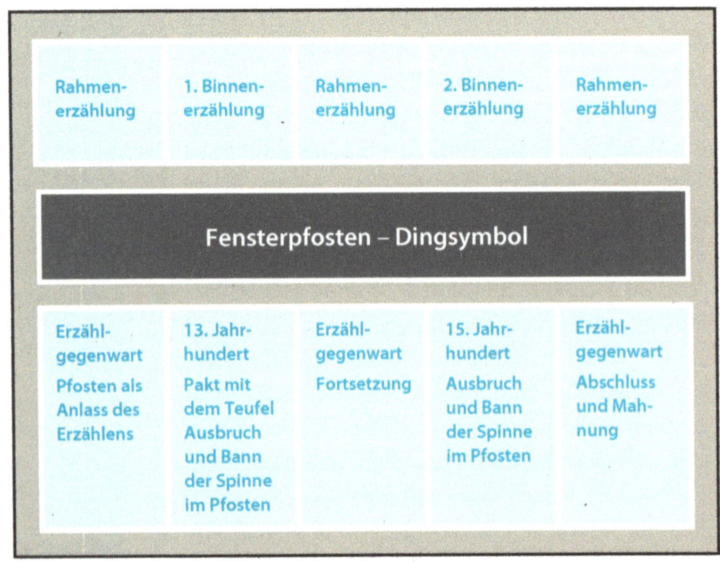


Abb. 6: Das verbindende Dingsymbol

## Auktorialer Erzähler

Durchgängig ist in der Novelle ein auktorialer Erzähler vorhanden. Er ist nicht in das Geschehen eingebunden. Er blickt gewissermaßen von oben auf das Geschehen (daher auch der Ausdruck »olympischer Erzähler«), kennt Vergangenheit, Gegenwart und Zukunft. Er kennt die Gefühle und Beweggründe der Figuren sowie die Konsequenzen ihrer Handlung, auch wenn die Figuren selbst sich darüber (noch) nicht bewusst sind. Er hat auch gegenüber dem Leser einen Wissensvorsprung. Im Erzählverhalten wird dies durch Erzählerkommentare, Vorausdeutungen, direkte Leseransprache und Urteile über das Geschehen deutlich.

Das auktoriale Erzählverhalten gilt auch für die beiden Binnenerzählungen, obgleich hier die Figur des Großvaters die Erzählinstanz darstellt. Aber auch er verfügt über die Kenntnisse eines allwissenden Erzählers.

■ Erzählen wird thematisiert

Mit diesem Erzählverhalten gelingt es, auch die Rezeption des Textes durch den Leser zu steuern und das Erzählen selbst zu thematisieren, indem die Bedeutung des Erzählens zum Gegenstand wird. Der ältere Götti fordert den Großvater, der sich zunächst weigert, zum Erzählen auf, er möchte die Wahrheit hören: »mache nicht Schneckentänze, sondern gib die Wahrheit an und aufrichtigen Bericht! […] punktum das Wahre« (S. 26). Diese »Wahrheit« will der Großvater zunächst nicht erzählen, sie gehöre nur in einen kleinen Kreis, nicht in die Öffentlichkeit. Als er sich doch, gegen den Willen seiner Frau, dazu bewegen lässt, tut er das nur »unter dem ausdrücklichen Vorbehalt, [...] was er erzähle, bliebe unter ihnen und käme nicht weiter« (S. 26). Im zweiten Teil der Rahmenhandlung, mit dem von der ersten zur zweiten Binnenerzählung übergeleitet wird, hat er seine Haltung geändert. Die Leute sollten, hier greift er die Formulierung des älteren Götti auf, »punktum die Wahrheit [vernehmen]; [...] die Wahrheit bringt unserm Hause keine Unehre.« (S. 91) Die Wahrheit soll in pädagogischer Absicht erzählt werden, man soll etwas daraus lernen, denn »man hat heutzutag alles bald wieder vergessen und behält nichts mehr lange im Gedächtnis wie ehedem« (S. 91), und man könne sich »ein Exempel daran nehmen, schaden würde es wahrhaftig vielen nichts« (S. 93).

Im abschließenden Teil der Rahmenhandlung wird das Erzählen erneut zum Thema gemacht. Der ältere Götti, der anfangs »punktum die Wahrheit« hören wollte, formuliert nun: »Es ist nur schade, dass man nicht weiß, was an solchen Dingen wahr ist. Alles kann man kaum glauben, und etwas muss doch an der Sache sein, sonst wäre das alte Holz nicht da.« (S. 116) Und der jüngere Götti ergänzt »Sei jetzt daran wahr, was da wolle, so könne man viel daraus lernen, [...] und dazu hätten sie noch kurze Zeit gehabt« (S. 116).

Gotthelf thematisiert demnach die Ursituation des Erzählens als mündliches Erzählen in einer Gemeinschaft zur Unterhaltung und zur Belehrung.

## Sprache und Stil

Gotthelfs Sprachstil wird vielfach als geistliche Rhetorikprosa beschrieben. Die Bezeichnung resultiert aus der an die Bibel angelehnten Sprache. Diese ist aber nicht alleine kennzeichnend für Sprache und Stil des Textes. Neben der Bibelsprache ist es die Berner Mundart des Emmentals, die sich vielfach im Text findet. Beispielhaft sei in diesem Zusammenhang auf die folgenden Wörter verwiesen: »Kacheli« (S. 10), »Nidle« (S. 10), »Gottwillchen« (S. 9) – Gotthelf schreibt in der Sprache der Gegend, in der er lebt, der er sich verbunden fühlt und in der er auch politisch wie sozial wirkt (vgl. hierzu auch Kapitel 7 »Autor und Zeit«).

■ Bibelsprache und Mundart

Besonders interessant ist die Verbindung zwischen der dialektalen Sprache und einem hohen Stil, der sich in der intensiven Verwendung klassischer Stilmittel ausdrückt. Am Beispiel der Rhythmisierung soll dies gezeigt werden.

■ Klassische Stilmittel

Die Herrschaft von Stoffelns wird in einer kompakten Darstellung verdeutlicht, die alle Brutalität des Ritters und die Qual der Bauern unter dieser Herrschaft zum Ausdruck bringt:

■ Rhythmisierung

> »Der Ritter fragte nach keinem von der Jahreszeit gebotenen Werk, **nicht nach** dem Heuet, **nicht nach** der Ernte, **nicht nach** dem Säet. **Soundso viel** Züge mussten fahren, **soundso viel** Hände mussten arbeiten, zu der und der Zeit sollte **der letzte Ziegel gedeckt, der letzte Nagel geschla-**

> **gen** sein. […] Endlich war das Schloss fertig, […] die Bauren waren froh, dass es einmal stand, […] **der letzte Nagel geschlagen, der letzte Ziegel oben** war.« (S. 29)

Anapher

Indem gleichrangige Sätze gereiht werden und durch die Verwendung von Anaphern entsteht ein Rhythmus, der die Unmäßigkeit des Ritters und die Unmenschlichkeit seiner Forderung an die Bauern betont.[2]

Parallelisierung und Wiederholung

Durch Rhythmus, der durch Parallelisierung im Satzbau und durch Wiederholung erzeugt wird, wird auch Christines Verwandlung in die Spinne beschrieben:

> »[…] vom geweihten Wasser berührt, **schrumpft** mit entsetzlichem Zischen Christine **zusammen** wie Wolle im Feuer, wie Kalch im Wasser, **schrumpft zischend**, flammensprühend zusammen bis auf die schwarze, hochaufgeschwollene, grauenvolle Spinne in ihrem Gesichte, **schrumpft mit dieser zusammen**, zischt in diese hinein« (S. 76).

Der Aufbau der Klimax ist in der dreifachen Wiederholung der Kernaussage »schrumpft zusammen« zu sehen. Darüber hinaus wird Christines Wandlung auch lautlich umgesetzt:

2 Vgl. hierzu Klaus Zobel, *Unerhörte Begebenheiten. Interpretationen und Analysen zu drei Novellen des 19. Jahrhunderts*, Northeim 1990, S. 128–133.

**sch**rumpft mit ent**s**e**tz**lichem **Z**i**sch**en Chri**st**ine

sch… s – tz- Z – sch – st –

**z**u**s**ammen

z – s[3]

3 Vgl. Zobel (s. Anm. 2).

# 5. Quellen und Kontexte

Gotthelfs *Schwarze Spinne* erschien erstmals 1842 im ersten Band der sechsbändigen Ausgabe *Bilder und Sagen aus der Schweiz* im Verlag Jent & Gaßmann, Solothurn. Die Niederschrift des Textes erfolgte wohl im Jahr 1841 bzw. war in diesem Jahr abgeschlossen. Ein Brief Gotthelfs an den Volksschriftsteller Alfred Hartmann, in dem er sich erstmals zur *Schwarzen Spinne* äußert, legt dies nahe. Der Brief steht im Zusammenhang mit einem geplanten Almanach zu Schweizer Sagen, den Hartmann herausgeben und in dem die *Schwarze Spinne* erscheinen sollte. Das Projekt wurde allerdings nicht realisiert.

■ Schweizer Sage als Grundlage

Gotthelf schreibt am 24. Mai 1841: »Hier endlich eine Sage, von der ich drei Bruchstücke aufgabelte, deren Verknüpfung mein armes Gehirn in Anspruch nahm.«[4] Die Formulierung deutet darauf hin, dass er die Novelle zu diesem Zeitpunkt schon abgeschlossen hat. In einem weiteren Brief Gotthelfs an den Historiker, Pfarrer und Lehrer Johann Kaspar Mörikofer aus dem August 1841 findet sich ein weiterer Hinweis:

> »Durch einen Zufall angetrieben, habe ich mir unterdessen die Zeit damit verkürzt, einige Sagen auf- und einzufassen, Sagen, die auf Bernerboden eigentümlich gewachsen sind, eine einzige darunter

4 Zitiert nach: Wolfgang Mieder, *Erläuterungen und Dokumente. Jeremias Gotthelf: Die schwarze Spinne*, Stuttgart 2003, S. 41.

ist schon behandelt worden, die andern liegen noch roh in des Volkes Munde, aber leider nur noch in Bruchstücken.«[5]

Gotthelf greift also vorhandene, z. T. mündlich überlieferte Sagen auf und verarbeitet sie zu einem eigenständigen Werk. Im Brief an Hartmann schreibt er von »drei Bruchstücke[n]«, auch im Brief an Mörikofer verwendet er diesen Ausdruck.

Motivaufnahmen aus Schweizer Sagen

Das Motiv einer im Holz eingeschlossenen Spinne findet sich in alten Volkssagen; unter dem Titel »Der Geist im Glas« etwa in den *Kinder- und Hausmärchen* der Brüder Grimm (Märchen Nr. 99).

Motiv der im Holz eingeschlossenen Spinne

Zwei Schweizer Sagen haben das Motiv der Seuche zum Thema. Wie bei Gotthelf, ist die Spinne auch dort, z. B. in der Sage »Pestrauch verkeilt«, in einem Holz eingeschlossen und bricht von dort aus.

Motiv der Seuche

In der Sage »Das Gespenst in einen Balken gebannt« heißt es: »Im Dorfe Gr. Dietwil steht ein neues Haus, in welchem ein Gespenst seinen Sitz gehabt haben sollte. Dieses sei in einem Balken, den man von einem alten Hause genommen, da hineingekommen.«[6]

Motiv des Hausbaus

Gotthelf schreibt im Brief an Mörikofer, eine Sage sei bereits behandelt worden. Er bezieht sich damit auf die gleichnamige Novelle *Die schwarze Spinne* von A. F. E. Langbein, die erstmals 1819 in Leipzig erschien. Auch dieser nimmt die mündlich überlieferten Sagen auf. Zentrale Motive sind bereits bei Lang-

Literarische Vorbilder

5 Mieder (s. Anm. 4), S. 43.
6 Mieder (s. Anm. 4), S. 34.

bein vorhanden: die im Holz eingesperrte Spinne sowie der Teufel als Jägersmann.

Bei Langbein wird im Rahmen einer Liebesgeschichte zwischen einem Förster und einer Kaufmannstochter die Spinne in einem Astloch gefangen gehalten. Durch Überredungskunst veranlasst die Spinne den Förster, sie aus dem Loch zu befreien und erscheint als »ungewöhnlich große pechschwarze Spinne mit acht blitzenden Augen«[7], um sich dann unmittelbar in den als Jägersmann auftretenden Teufel zu verwandeln, der auch bei Langbein bald als »der Grüne« bezeichnet wird – eine Formulierung, die Gotthelf durchgängig verwendet. Allerdings erscheint dieser Teufel eher als dumm und leicht zu überlisten. Durch einen einfachen Trick gelingt es dem Förster recht schnell, den Teufel dazu zu veranlassen, sich wieder in die Spinne zurückverwandeln und erneut in das Astloch zu kriechen, das wiederum verschlossen wird.

Weitere Quellen

Darüber hinaus hat Gotthelf weitere Quellen aufgenommen. So etwa eine Erzählung von einem »seltsamen fremden Weibe, der Lindauerin, die einst als Frau eines Kriegers ins Emmental gekommen und dort durch ihre fremdartigen Sitten das Missfallen der einheimischen Bevölkerung gefunden hatte.«[8] Bei

7 A. F. E. *Langbein's sämmtliche Schriften*, Bd. 7, Stuttgart 1836, S. 48, zitiert nach: Klaus Lindemann, *Jeremias Gotthelf. »Die schwarze Spinne«. Zur biedermeierlichen Deutung von Geschichte und Gesellschaft zwischen den Revolutionen*, Paderborn [u. a.] 1983.

8 Zitiert nach: Lindemann (s. Anm. 7), S. 15.

Gotthelf ist es die Lindauerin Christine, die der Hornbachbauer von einem Feldzug mitgebracht hat. Ein Hornbach-Hof existierte tatsächlich und war Gotthelf bekannt.

Das Motiv einer Frau, bei Gotthelf Christine, die sich in eine Spinne verwandelt, greift einen Mythos auf, der seit der Antike weite Verbreitung gefunden hat. Nach griechischem Mythos wird die Weberin Arachne (griech. ›Spinne‹), nachdem sie die Göttin Athene in einem Wettstreit in der handwerklichen Kunst des Webens herausgefordert und besiegt hat, in eine (Weber-)Spinne verwandelt.

Darüber hinaus findet sich in der Literatur vielfach die Verbindung von Frau, Spinne und Sexualität. Diesen Zusammenhang stellt auch Gotthelf her. So ist die gesamte Paktszene zwischen Christine und dem Teufel erotisch aufgeladen. Christine meint den Teufel, »wie die andern Männer auch« (S. 41) übertölpeln zu können. Umgekehrt schmeichelt der Teufel Christine als Frau und macht ihr Komplimente, die sie in ihrer Konsequenz nicht durchschaut und die dazu führen, dass sie sich von ihm manipulieren lässt. Den Höhepunkt der Szene bildet die »Zeugung« der Spinne durch den Kuss des Teufels auf Christines Wange, der die Frau tief erschüttert zurücklässt (S. 44).

Historische Pest- und Viehseuchen

Schließlich sind lokale historische Überlieferungen mittelalterlicher Viehseuchen sowie Erinnerungen an die Pest, die auch als »Schwarzer Tod« bezeichnet wurde, belegt. Die Seuche suchte Europa in der Mitte des 14. Jahrhunderts heim, für das Emmental, in dem

Gotthelfs Novelle spielt, ist eine Pestepidemie für das Jahr 1434 überliefert. Einen weiteren historischen Bezug stellt in diesem Zusammenhang der Scheibentisch im Gasthaus Bären in Sumiswald dar. Die Pestepidemie 1434 habe, so die Legende, so viele Todesopfer gekostet, dass die wenigen Überlebenden alle an diesem Tisch Platz gefunden hätten. An diesem Tisch hat Gotthelf selbst gesessen, wenn er sich in seiner Zuständigkeit für die Armenanstalt in Sumiswald aufhielt.

Auch der Ritter Hans von Stoffeln hat ein historisches Vorbild. In der Kirche von Sumiswald findet sich ein Wappenschild eines Ritters Hans-Ulrich von Stoffeln. Der historische von Stoffeln lebte allerdings im 16. Jahrhundert. Er diente somit wohl lediglich hinsichtlich der Namensgebung als Vorbild. Er wird bei Gotthelf zum Ritter des Deutschritterordens, der im frühen 13. Jahrhundert über Sumiswald herrschte.

## 6. Interpretationsansätze

Interpretationen der Novelle, soweit sie sich auf den Text als Ganzen beziehen, stellen zumeist die titelgebende schwarze Spinne ins Zentrum. Dabei ist ihr schreckliches Wüten seit dem Erscheinen des Textes in sehr unterschiedlicher Weise gedeutet worden: Ist die Spinne eine Strafe Gottes für die Selbstüberschätzung und Maßlosigkeit der Menschen und insgesamt theologisch zu deuten? Ist sie in politischer Perspektive eine Auseinandersetzung mit den Zeitläuften, die Gotthelf selbst als politisch aktiver Mensch erlebt hat? Jost Hermand[9] und Klaus Lindemann[10] etwa deuten die Spinne als literarisches Motiv für Napoleon und die revolutionären Umwälzungen in Europa, die von der Französischen Revolution ausgingen. Ist sie Ausdruck biedermeierlich-konservativer Gesellschaftsvorstellungen in Reaktion auf die wirtschaftlichen und sozialen Veränderungen im Zuge der Industrialisierung? Greift sie historische Pestausbrüche auf? Ist die »Zeugung« der Spinne aus dem Kuss, den der Teufel Christine gibt, um den Pakt zu bekräftigen, Ausdruck von Sexualität und die Spinne somit psychologisch zu deuten? (Vgl. zu den unterschiedlichen Deutungsansätzen auch Kapitel 8 »Rezeption«.) Die Vielzahl der Deutungsperspektiven belegt, dass Gott-

9 Jost Hermand, »Napoleon und die schwarze Spinne. Ein Hinweis«, in: *Monatshefte für deutschen Unterricht, deutsche Sprache und Literatur* 54 (1962) H. 5, S. 225–231.
10 Lindemann (s. Anm. 7).

helf mit seiner Novelle von der schwarzen Spinne ein literarisches Bild geschaffen hat, das kaum auf einzelne Deutungsansätze reduziert werden kann.

Wenn im Folgenden gleichwohl eine Auswahl getroffen wird, so erfolgt diese unter der Maßgabe der Bearbeitung des Textes im Literaturunterricht der Sekundarstufe I. Gewählt werden demnach diejenigen Aspekte, die für Schülerinnen und Schüler erfahrungsgemäß von besonderem Interesse sind.

## Gut und Böse – Schuld und Buße als überzeitliche Phänomene

Die dominante Frage der Novelle ist sicherlich die nach den Folgen fehlerhaften menschlichen Verhaltens. In dieser Perspektive resultiert aus dem Fehlverhalten der Kampf zwischen Gut und Böse. Der Sieg über das Böse und die Wiederherstellung der (christlichen) Ordnung gelingt jeweils durch die Opfertat eines Menschen. Die Novelle zeigt dies als ein überzeitliches, die Zeitläufte überdauerndes Phänomen. Aus der Erzählgegenwart der Rahmenerzählung greifen die beiden Binnenerzählungen jeweils mehrere hundert Jahre zurück. Die Spinne erscheint, wird gebannt und kehrt wieder. Im Dingsymbol des schwarzen Pfostens, in den die Spinne eingesperrt ist, ragt sie bis in die Erzählgegenwart des Tauffestes hinein. Dass von ihr – nach wie vor – in Abhängigkeit vom Verhalten der Menschen Gefahr drohen kann, wird in den Passagen der Rahmenhandlung durch den Großvater mehrfach formuliert. So im zweiten Teil der Rahmenhandlung, der von der ersten zur zweiten Spinnenepisode überleitet (vgl. S. 89–93, insbesondere S. 91, Z. 15–25), und am Ende der Novelle: »Da ward meine Überzeugung noch fester, dass weder ich noch meine Kinder und Kindeskinder etwas von der Spinne zu fürchten hätten, solange wir uns fürchten vor Gott.« (S. 115) Diese Deutung taucht als Erzählerkommentar aber auch in den Spinnenepisoden selbst auf, z. B. in der zweiten Binnengeschichte, in der die Motivation für den Bau des neuen Hauses dargelegt wird:

> »Zudem ward es ihnen [Christens Mutter und seiner Frau, die als »hoffärtig« beschrieben werden, H. W.] immer unheimeliger im alten Hause. Wenn sie hier am Tische saßen, so war es ihnen, […] als ginge leise das Loch auf, und die Spinne ziele nach ihrem Nacken. Ihnen fehlte der Sinn, der das Loch vermachte, darum fürchteten sie sich immer mehr, das Loch möchte sich öffnen.« (S. 98)

Die Spinne ist demnach eine Bedrohung über die Zeitläufte hinweg; eine Strafe Gottes für falsches, die gegebene Ordnung störendes Verhalten.

Es ist interessant, dass sie als solche in der ersten Binnenerzählung aber gar nicht eingeführt wird. Sie erscheint zunächst vielmehr als die Rache des Teufels, dem die Bauern den versprochenen Lohn, das ungetaufte Kind, vorenthalten wollen. Wie vollzieht sich

Zunächst: Rache des Teufels

die Verschiebung von der Rache des Teufels hin zur Strafe Gottes?

Dann: Strafe Gottes

Der Teufel tritt in der ersten Binnenerzählung in Erscheinung, als die Bauern des Tals sich in allergrößter Not befinden. Die Forderung ihres Feudalherrn, Hans von Stoffeln, nach dem Bau des Schlosses auf dem »Bärhegenhubel« (S. 28), war bereits unmäßig. Sie wird aber noch übertroffen von der Forderung, zusätzlich einen Schattengang aus hundert ausgewachsenen Buchen binnen eines Monats anzulegen. Diese Forderung überschreitet nun endgültig jedes Maß. Die Bitte der Bauern, die Anlage des Schattengangs wenigstens zeitlich zu verschieben, bleibt ungehört und lässt die Bauern verzweifeln. Sie setzen »sich an des Weges Rand und weinten bitterlich, [...] und keiner hatte den Mut zu rechtem Zorn, denn Not und Plage hatten den Mut ihnen ausgelöscht« (S. 32). In diese Situation »stund plötzlich vor ihnen, sie wussten nicht, woher, lang und dürre ein grüner Jägersmann« (S. 32). Die Beschreibung seines Äußeren (keckes Barett mit roter Feder, schwarzes Gesicht mit flammendem roten Bärtchen, S. 32) gibt zwar Hinweise auf seine teuflische Natur, sie sind an dieser Stelle aber eher indirekt und versteckt. Der Teufel muss einige List aufwenden, um die Bauern überhaupt zum Sprechen zu bringen und so einen Kontakt zu ihnen aufzubauen: »Zweimal frug er also, und zweimal erhielt er keine Antwort.« (S. 33) Es folgt eine zweite Beschreibung seines Äußeren, die nun deutlicher seine teuflische Natur zum Ausdruckt bringt: »Da ward

Teuflische Natur wird deutlicher

noch schwärzer des Grünen schwarz Gesicht, noch röter das rote Bärtchen, es schien darin zu knistern […]; wie ein Pfeil spitzte sich der Mund […] und frug ganz holdselig und mild« (S. 33). Er bietet sich ihnen an, gibt sich mitleidig und zugewandt. So gelingt es ihm, einen der alten Männer zum Sprechen zu bringen und somit den ersten Kontakt herzustellen. Er muss nun nachsetzen, um den Bauern sein »Angebot« unterbreiten zu können. Erneut gibt er sich teilnahmsvoll, wettert gegen die »Tyrannei« (S. 34) des Feudalherrn und bietet ihnen schließlich seinen Handel an. Als er die Bedingungen des Vertrags formuliert, zeigt er sich endgültig in seiner teuflischen Gestalt: »Da machte der Grüne ein pfiffig Gesicht; es knisterte in seinem Bärtchen, und wie Schlangenaugen funkelten sie seine Augen an, und ein gräulich Lachen stand in beiden Mundwinkeln, als er ihn voneinander tat und sagte: ›Wie ich gesagt, ich begehre nicht viel, nicht mehr als ein ungetauftes Kind.‹« (S. 35)

Ablehnung des Teufels

Auf diesen Handel lassen sich die Bauern nicht ein. Angstvoll laufen sie auseinander und nach Hause, erzählen ihren Frauen, was geschehen ist, und die Angst ergreift das ganze Tal: »Da ergriff namenlose Angst die Weiber, ein Wehgeschrei ertönte über Berg und Tal, einer jeden ward, als hätte ihr eigen Kind der Ruchlose begehrt.« (S. 36) Die Bauern lassen sich demnach nicht leichtfertig auf einen Pakt mit dem Teufel ein. Sie beratschlagen sich, treffen Absprachen und »hofften, auf diese Weise und mit Gottes Hülfe täglich wenigstens drei Buchen auf Bärhegen hinauf zu schaffen; vom Grünen redete niemand; ob niemand an ihn dachte, ist nicht verzeichnet worden« (S. 37).

Mutlosigkeit der Männer

Tatkraft Christines

Ihre Versuche, die Forderung des Feudalherrn zu erfüllen, scheitern jedoch. Hier ist auch das Einwirken des Teufels zu erkennen, der die Arbeit der Bauern noch weiter erschwert. Es gehe »als ob sie [die Buchen, H. W.] verhext wären« (S. 40). Erneut verzweifeln die Bauern: »Eine fürchterliche Mutlosigkeit erfasste diese, keinen Wagen hatten sie mehr ganz, keinen Zug unbeschädigt, in zwei Tagen nicht drei Buchen zur Stelle gebracht, und alle Kraft war erschöpft.« (S. 38) Der Mutlosigkeit der Männer wird an dieser Stelle die Tatkraft Christines entgegengestellt, die »rasch, dass es fast pfiff, wie der Wind pfeift« (S. 39) daherkommt. Sie schimpft mit den Männern, klagt sie an und weiß vermeintlich, wie mit der Situation umzugehen ist: »aber um Weib und Kinder willen müsse die Sache anders zur Hand genommen werden«. (S. 40) Mit dieser Haltung scheint sie den Grünen geradezu herbeigeführt zu haben. »›Ja, die hat Recht!‹ Und mitten unter ihnen stand mit grinsendem Gesicht der Grüne« (S. 40). Erneut ergreifen die Männer angstvoll die Flucht, aber »Christine, die Lindauerin, konnte nicht fliehen, sie erfuhr es, wie man den Teufel leibhaftig kriegt, wenn man ihn an die Wand male« (S. 40). Christine lässt sich auf den Teufel ein. Sie meint sogar, ihn manipulieren zu können, wächst doch »in ihr immer mehr der Gedanke: das wäre doch der Einzige, der nicht zu betrügen wäre!« (S. 42) und weiter: »Wenn nun einmal der Grüne sein

Versprechen gehalten [...], so brauche man ihm gar nichts mehr zu geben, weder ein Kind noch was anderes; man lasse Messen lesen zu Schutz und Trutz und lache tapfer den Grünen aus, so dachte Christine.« (S. 42)

Christines Selbstüberschätzung

Tatsächlich wird sie aber selbst von ihm manipuliert und bemerkt das nicht. Schließlich kann sie sich dem Teufel gar nicht mehr entziehen. Der Pakt wird durch einen Kuss besiegelt und »ein Donner fuhr über sie, als ob der Himmel zersprungen wäre« (S. 44). Der »zersprungene Himmel« darf hier durchaus symbolisch verstanden werden. Darüber hinaus spiegelt die Naturdarstellung das unerhörte Geschehen: »Es war eine wilde Nacht. In Lüften und Klüften heulte und toste es, als ob die Geister der Nacht Hochzeit hielten [...], die Blitze die Hochzeitfackeln wären und der Donner der Hochzeitsegen. In dieser Jahreszeit hatte man eine solche Nacht noch nie erlebt.« (S. 44)

Naturdarstellung als Spiegel

Der weitere Handlungsverlauf macht deutlich, dass Christine, die eben noch dachte, den Teufel in ihrem Sinne nutzen und betrügen zu können, sein Werkzeug geworden ist und dies durch den Kuss von Anfang war: Nachdem der Pakt besiegelt ist und sie ins Dorf zurückkommt, trieften ihre Haare, »rot waren ihre Wangen, und ihre Augen brannten noch dunkler als sonst in unheimlichem Feuer« (S. 47). In der Beschreibung ähnelt sie dem Teufel und wird dadurch als ihm zugehörig markiert. Als es dann schließlich gelingt, dem Teufel das erste neugeborene Kind vorzuenthalten, wird eindringlich beschrieben, wie der

Christine als Werkzeug des Teufels

Teufel von ihr Besitz zu ergreifen scheint: »Mitten unter den Jubilierenden ist auch Christine gesessen, aber sonderbar stille mit glühenden Wangen, düstern Augen, seltsam sah man es zucken in ihrem Gesichte. [...] die Stiche immer heißer wurden, die Gedanken immer schrecklicher« (S. 57). Von da an wächst die Spinne in ihrem Gesicht und Christine versteht, dass der Teufel sich nicht betrügen lassen wird. Als das nächste Kind getauft werden kann, gebiert sie selbst die todbringenden Spinnen und verwandelt sich beim dritten Kind schließlich selbst in die Spinne. Damit ist sie endgültig zum Werkzeug des Teufels geworden.

■ Kämpferischer Priester

Dem gegenüber stehen der Priester und die aufopferungsvolle Mutter, die dem Teufel entgegentreten. Der Priester wird beschrieben als »einer von denen, die den härtesten Kampf nicht scheuen, weil sie gekrönt werden wollen mit der Krone des ewigen Lebens und weil sie wohl wissen, es werde keiner gekrönet, er kämpfe dann recht« (S. 56). In dieser Weise wird auch die junge Mutter charakterisiert: »[...] Muttertreue und Mutterliebe drückten die Hand ihr zu, und zum Aushalten gab Gott die Kraft. [...] [sie] dankte Gott [...] und die Engel geleiteten ihre Seele zu Gottes Thron, wo alle Helden sind, die ihr Leben eingesetzt für andere, die für Gott und die Ihren alles gewagt.« (S. 88)

■ Aufopferungsvolle Mutter

Der »schwarze Tod« wird demnach gebannt durch die Menschen, die den notwendigen Kampf um die »Krone des Lebens«, gemeint ist hier im christlichen

Sinne das jenseitige »ewige Leben«, auf sich nehmen. Dies markiert die Verschiebung von der Spinne als Rache des Teufels zur Spinne als Strafe Gottes.

Kampf um das ewige Leben

## Ein fremdenfeindlicher Text?

Die Frage der Schuld ist im Text darüber hinaus eng verknüpft mit dem Fremden, sind es doch jeweils Fremde, die in beiden Binnenerzählungen die Handlung in Gang setzen, aus der die Spinne hervorgeht bzw. die zum erneuten Ausbruch der Spinne führt.

Fremde als Handlungsauslöser

In der ersten Spinnenepisode ist dieser Fremde einmal der Feudalherr Hans von Stoffeln, »aus dem Schwabenlande« (S. 28) stammend, der die ihm leibeignen Bauern »fast unerträglich []drückt« (S. 27) und seine Forderungen (Bau des Schlosses und Anlage des Schattengangs) unbarmherzig durchsetzt. Im Text wird er nach der ersten Erwähnung sogleich in Gegensatz zu den traditionell im Tal ansässigen Familien gesetzt: »Die meisten andern Schlösser gehörten einer Familie, kamen von dem Vater auf den Sohn, da kannten der Herr und seine Leute sich von Jugend auf, und gar mancher war seinen Leuten wie ein Vater.« (S. 27) Im Gegensatz zu dieser »väterlichen Güte« steht von Stoffeln, der als »wilder, mächtiger Mann, der einen Kopf hatte wie ein doppelt Bernmäß, Augen machte wie Pflugsräder und einen Bart hatte wie eine alte Löwenmähne« (S. 30), beschrieben wird. Auf die Bitte der Bauern, die Anlage des Schattengangs zu verschieben, reagiert er mit unmäßigen Drohungen:

Hans von Stoffeln aus Schwaben

»Da begann der Zorn des Ritters Kopf größer und größer zu schwellen, und seine Stimme brach los wie der Donner aus einer Fluh, und er sagte ihnen: wenn er gnädig sei, so seien sie übermütig. Wenn im Polenlande einer das nackte Leben habe, so küsse er einem die Füße, hier hätten sie Kind und Rind, Dach und Fach und doch nicht satt. ›Aber gehorsamer und genügsamer mache ich euch, so wahr ich Hans von Stoffeln bin [...].‹« (S. 31)

■ Die Lindauerin Christine

Neben diesem fremden Ritter ist es die Lindauerin Christine, die als Fremde und Außenseiterin eine zentrale Rolle in der ersten Binnenerzählung spielt. Sie ist es, die den Pakt mit dem Teufel besiegelt.

■ Christens hochmütige Frau

Auch in der zweiten Binnenerzählung wird eine Frau als Fremde eingeführt, nämlich die Frau Christens, die zwar keine »Lindauerin« gewesen sei, aber doch »Christine in vielen Stücken [glich]« (S. 97). »Hochmut und Hoffart [wurden] heimisch im Tale, fremde Weiber brachten und mehrten beides« (S. 96).

■ Der fremde Knecht

Schließlich ist es der »fremde Knecht«, der die Spinne aus ihrem Loch befreit: »Das soll aber auch ein seltsamer Mensch gewesen sein, man wusste nicht, woher er kam.« (S. 101) Die Beschreibung des Knechts erinnert durchaus an den Grünen / den Teufel: »Er hatte ungleiche Augen, aber man wusste nicht, von welcher Farbe, und beide hassten einander [...]. Sein Haar war schön gelockt, aber man wusste nicht, war es rot oder falb« (S. 102).

Damit ist das Fremde, sind die Fremden als diejenigen markiert, die, indem sie das Hergebrachte und die

Tradition stören, für Unheil sorgen. Und doch lohnt ein zweiter Blick.

Einen Einblick in die Perspektive dieser Fremden im Tal gewinnt man (ausschließlich) über die Figur Christine. Christine ist sich ihrer Rolle als Außenseiterin wohl bewusst. Nachdem sie den Pakt mit dem Teufel geschlossen hat und ins Dorf zurückkehrt, beginnt ihr Bericht mit einer Anklage, die ihre soziale Stellung in der Dorfgemeinschaft thematisiert:

> »[...] als Fremde [hätte man] sie übel geplaget im Tale, die Weiber ihr einen übeln Namen angehängt, die Männer sie allenthalben im Stiche gelassen, und wenn sie nicht besser gesinnet wäre als alle, und wenn sie nicht mehr Mut als alle hätte, so wäre noch jetzt weder Trost noch Ausweg da. So redete Christine noch lange, warf harte Worte gegen die Weiber, die ihr nie hätten glauben wollen, dass der Bodensee größer sei als der Schlossteich, und, je mehr man ihr anhielt, umso härter schien sie zu werden und stützte sich besonders darauf, dass, was sie zu sagen hätte, man ihr übel auslegen und, wenn die Sache gut käme, ihr keinen Dank haben werde; käme sie aber übel, so lüde man ihr alle Schuld auf und die ganze Verantwortung.« (S. 47 f.)

Diese Passage ist deshalb so ausführlich zitiert, weil in ihr bereits die ganze Ambivalenz der sozialen Situation deutlich wird. Neben Christines Rolle als Frem-

Keine einseitige Zuschreibung

de, als Außenseiterin macht sie umgekehrt die Begrenztheit der Dorfbewohner deutlich, die keine Kenntnis haben von dem, was außerhalb ihrer Lebenswelt existiert (Bodensee größer als der Dorfteich). Zudem erkennt Christine, dass sie für die Dorfbewohner einen willkommenen Sündenbock darstellen wird, dem man die Verantwortung letztendlich aufladen würde, für etwas, was die Dorfbewohner selbst auch gewollt hätten. Nämlich unmittelbare Hilfe in der unmittelbaren Not. Und tatsächlich sind die Männer mindestens gedanklich bereit, den Handel mit dem Teufel einzugehen, auch wenn sie selbst den Mut dazu nicht haben. Denn bereits bevor Christine zu ihnen zurückkehrt, »begannen [sie] zu rechnen, wie viel mehr wert sie alle seien als ein einzig ungetauft Kind, sie vergaßen immer mehr, dass die Schuld an einer Seele tausendmal schwerer wiege als die Rettung von tausend und abermal tausend Menschenleben. Diese Gedanken wurden allmählig laut und begannen sich zu mischen als verständliche Worte in das Schmerzensgestöhn der Leidenden.« (S. 45 f.) In diese kollektive Haltung der Dorfgemeinschaft hinein spricht Christine und berichtet über den Pakt mit dem Teufel. Die Bauern sind nun einerseits erschreckt (»Vielen lief es kalt den Rücken auf«, S. 48), aber zugleich auch beruhigt, weil die unmittelbare Not behoben scheint und der Lohn des Teufels aussteht: »aber dass man dann noch immer sehen könne, was man machen wolle, das gefiel allen wohl« (S. 48). Die Fremde, die Außenseiterin Christine übernimmt ei-

Die Fremde als Sündenbock

ne Rolle für die anderen. Sie wird demnach von der Dorfgemeinschaft funktionalisiert.

Der Teufel erfüllt im Folgenden seine »Verpflichtung«, der Schattengang wird gepflanzt, die Forderung von Stoffelns somit erfüllt, und die Bauern erleben Gefühle des Sieges und der Stärke, was sie ausgiebig feiern (S. 54). Die Bauern feiern auch, als es gelingt, dem Teufel seinen »Lohn« (S. 42), das erste neugeborene Kind, durch eine Nottaufe vorzuenthalten. »[…] alle Angst war verschwunden, auf immer, wie sie meinten; hatten sie den Grünen einmal angeführt, so konnten sie es immer tun mit dem gleichen Mittel.« (S. 56) Auf Christine, die »sonderbar stille mit glühenden Wangen« (S. 57) unter ihnen saß, achtete niemand. Auf ihrer Wange wächst fortan ein kleiner Fleck sich zu einer »giftige[n] Kreuzspinne« aus, die sie quält und Christine wiederum zur Außenseiterin macht. »Laut auf schrien alle, wenn sie die giftige Kreuzspinne sahen auf Christines Gesicht, und voll Angst und Grauen flohen sie« (S. 59). Christines Qual lässt die Dorfbewohner dabei gänzlich unberührt: »[…] was Christine peinigte, tat ihnen nicht weh, was sie litt, hatte nach ihrer Meinung sie verschuldet, und wenn sie ihr nicht mehr entrinnen konnten, so sagten sie zu ihr: ›Da siehe du zu! Keiner hat ein Kind verheißen, darum gibt auch keiner eins.‹« (S. 59)

Siegesgewissheit der Bauern

Christines doppeltes Außenseitertum

Was Christine zuvor antizipiert hat, tritt nun also ein und verändert sich auch nicht mehr bis zum Ende der ersten Spinnenepisode. Die Bauern haben von ihrer Bereitschaft profitiert, mutig in der Not eine Entscheidung zu treffen, sind aber nicht bereit, die Konsequenzen zu tragen. Sie waschen ihre Hände in Unschuld, sind feige und suchen ihren eigenen Vorteil. Als die Spinne Tod und Elend über das Tal bringt, sprechen die Bauern schließlich doch wieder mit Christine und fragen sie um Rat. Nachdem sie akzeptieren, dass es nicht genügt, Christine selbst zu opfern, tatsächlich macht einer den Vorschlag Christine totzuschlagen (S. 65), sind sie schließlich einverstanden, dem Teufel ein Kind zu überlassen, wenn Christine die Übergabe übernimmt.

Egoismus der Bauern

Der Pakt mit dem Teufel wird demnach also von der Fremden geschlossen. Er trifft aber innerhalb der Dorfgemeinschaft auf die unausgesprochene Bereitschaft, den eigenen Vorteil zu suchen. Dafür werden eigene Überzeugungen über Bord geworfen. Den Preis sollen allerdings nach Möglichkeit andere zahlen. In diesem Fall ist dies Christine, deren Bereitschaft zum Handeln man annimmt, die man aber alleine lässt, und der gegenüber man sich gleichgültig verhält. Die Welt der Einheimischen steht demnach der fremden Welt nicht als harmonisch intakt gegenüber. Das Fremde ist in diesem Sinne ein Katalysator, es ist nicht Ausdruck des Bösen schlechthin. Damit nimmt der Text keine einseitige Zuschreibung vor, sondern zeigt die ganze Ambivalenz menschlicher Verhaltensweisen.[11]

Ambivalenz menschlichen Verhaltens

11 Vgl. Kaspar H. Spinner, »Jeremias Gotthelf. *Die schwarze Spinne*«, in: *Große Werke der Literatur. Eine Ringvorlesung*

## Ein frauenfeindlicher Text?

Wie die Fremden, so erscheinen zunächst auch die Frauen als diejenigen, die dem Bösen Zutritt verschaffen; namentlich Christine in der ersten und die »Meisterweiber« (S. 100) der zweiten Spinnenepisode. Natürlich sind in Gotthelfs biedermeierlich konservativem Text die Geschlechterrollen im Grundsatz bestimmt durch die patriarchale Ordnung, der der Text über die Rahmenerzählung Geltung verschafft. Dem Mann als Familienoberhaupt sind die Frauen untergeordnet.

Trotzdem stellen sich die Geschlechterzuweisungen hinsichtlich der Initiierung der Spinnenplage aber differenzierter dar, denn hier können sowohl Männer als auch Frauen als auslösende Faktoren identifiziert werden.

Keine einseitige Zuschreibung

Betrachtet man die erste Spinnenepisode unter diesem Gesichtspunkt, ist als auslösender Faktor Hans von Stoffeln zu nennen. Mit seinen übermäßigen Forderungen an die Bauern, die ihre traditionell zu erbringenden Leistungen deutlich übersteigen, setzt er die Handlung in Gang. Mit Christine ist es dann eine Frau, die den Pakt mit dem Teufel schließt, und mit der jungen Mutter des dritten Neugeborenen wiederum eine Frau, die die Spinne bannt.

In der zweiten Spinnenepisode wird die Handlung durch zwei Frauen in Gang gesetzt, während es nun

*an der Universität Augsburg*, Bd. 10, hrsg. von Hans Vilmar Geppert, Tübingen 2007, S. 31–42.

ein Mann ist, der fremde Knecht, der der Spinne zum Ausbruch verhilft. Gebannt wird die Spinne in dieser Episode durch einen Mann, Christen.

Demnach sind es zwei Frauen und zwei Männer, die das Böse hervorrufen. Es sind aber auch eine Frau und ein Mann, die das Böse durch Selbstaufopferung bannen. Das Geschlechterverhältnis ist also durchaus nicht so unausgewogen, wie dies auf den ersten Blick der Fall zu sein scheint, auch wenn dies den Text im zeitgenössischen Sinne noch nicht zu einem fortschrittlichen macht.

| 1. Teil | 2. Teil |
|---|---|
| 1. Frevler: Ritter Hans von Stoffeln (Mann)<br>2. Ausführende: Christine, die Lindauerin (Frau)<br>3. Erlöserin: Das fromme Weib und seine Schwiegermutter (Frauen) | 1. Frevler: Die (fremden) »Meisterweiber« (Frauen)<br>2. Ausführende: Der fremde Knecht (Mann)<br>3. Erlöser: Christen (Mann) |

Nach: Karl Fehr: Jeremias Gotthelfs »Schwarze Spinne« als christlicher Mythos. Zürich: Niehans, 1942. S. 64.

## *Die schwarze Spinne* – ein Werk des Biedermeier

Der Schriftsteller Jeremias Gotthelf gilt als Dichter des Biedermeier und der Restauration. Themen und Motive dieser Epoche sind etwa die Familie und familiäre Ordnung, heile Welt, traditionelle Werte, Selbstgenügsamkeit, sowie Volkstümlichkeit und Heimat(-verbundenheit), um nur einige zu nennen.

> »Die bewusste Absage der Kunst an die Politik ist zentrales Kennzeichen der Literatur des Biedermeier. Vertreter dieser literarischen Strömung sind konservative Schriftsteller, die sich – weitgehend resignativ – aus der Politik heraushalten. Sie widmen sich dem ›Innenleben‹ der bürgerlichen Familie und des Individuums. Nur in diesem eng abgegrenzten Bereich wird ein humanes und friedliches Leben noch als möglich betrachtet, das allerdings permanenter Bedrohung von außen ausgesetzt ist.«[12]

Legt man diese Definition zugrunde, erscheint Gotthelfs *Schwarze Spinne* geradezu als Prototyp biedermeierlicher Dichtung.

Häuslicher Rahmen

In diesem Sinne formuliert auch Friedrich Sengle, der die Darstellung der Häuslichkeit der Rahmenerzählung als die »biedermeierliche Hauptleistung«[13] der *Schwarzen Spinne* bezeichnet (vgl. hierzu auch Kapitel 7 »Autor und Zeit«).

12 Yomb May, *Epochen der deutschsprachigen Literatur*, Stuttgart 2020, S. 53–55.

13 Friedrich Sengle, *Biedermeierzeit. Deutsche Literatur im Spannungsfeld zwischen Restauration und Revolution 1815–1848*, Bd. 3: *Die Dichter*, Stuttgart 1980, S. 888–951, zitiert nach: Daniel Rothenbühler, *Textanalyse und Interpretation zu Jeremias Gotthelf, »Die schwarze Spinne«*, Hollfeld ⁴2019, S. 92.

Verarbeitung geschichtlicher Katastrophen

Jost Hermand und Klaus Lindemann sehen in der *Schwarzen Spinne* einen Ausdruck der »Ängste der Epoche nach Napoleon« und den »Mythos des Bösen beschworen, um geschichtliche Katastrophen zu deuten, statische Gesellschaften zu idealisieren, konservative Ethik zu propagieren und die restaurative Politik der Epoche zu rechtfertigen.«[14] Als eine solche Katastrophe hat Gotthelf die Ära Napoleons mit ihren »›demokratischen‹ Experimenten«[15] verstanden. In diesem Sinne seien in dem Heer der Spinnchen, die Christine in der ersten Binnenerzählung gebiert, unschwer die napoleonischen Invasionstruppen zu erkennen und auch das Motiv der »zweimaligen Verpflöckung, das heißt Verbannung des Übels«[16], erinnere an Napoleon und seine zweimalige Verbannung.

In diesem Sinne sei, wie Thomas Mann schreibt, die *Schwarze Spinne* »ganz besonders geeignet, die künstlerische Spannweite und den Realitätsbezug der Literatur der Biedermeierzeit ins Bewusstsein heutiger Leser zu rücken.«[17]

## *Die schwarze Spinne* – eine Novelle

Gotthelfs *Schwarze Spinne* hat unter gattungstheoretischen Fragen vielfältige Interpretationen erfahren. Insbesondere die einflussreiche Interpretation Benno

14 Lindemann (s. Anm. 7), S. 9.
15 Hermand (s. Anm. 9), zitiert nach: Mieder (s. Anm. 4), S. 87.
16 Hermand (s. Anm. 9), S. 86.
17 Thomas Mann, zitiert nach: Lindemann (s. Anm. 7), S. 9.

Abb. 7: Karikatur Napoleons. Kolorierte Radierung der Gebrüder Hentschel, 1813. – Quelle: bpk / Deutsches Historisches Museum / Arne Psille

von Wieses aus dem Jahr 1956 muss an dieser Stelle genannt werden.[18] Im Folgenden werden die Merkmale der Novelle erläutert und für die Interpretation des Textes in Anschlag gebracht.

Eine »unerhörte Begebenheit"

Nach Goethe ist die Novelle nichts anderes »als eine sich ereignete unerhörte Begebenheit«.[19] Eine solche stellt in Gotthelfs Text die todbringende schwarze Spinne dar. Benno von Wiese erklärt in seiner oben genannten Interpretation, die Spinne sei eine »Begebenheit« ist, die »zu allen Zeiten die gleiche« sei, »aber ihr Einbruch in die geordnete, auf Gott bezogene Welt des Menschen« vollziehe sich »stets unter neuen konkreten Bedingungen«[20]. Insofern ist die Novelle, wie Freund unter Verweis auf Schlegel schreibt, ein Spiegel für die Denkart des Zeitalters. Sie stelle, so Schlegel, den Weltlauf dar, wie er sei und sei daher in der wirklichen Welt zu Hause.[21] Das in der Novelle geschilderte Ereignis hat aufgrund seiner Außergewöhnlichkeit einen Neuigkeitswert, weil er vom Alltäglichen abweicht, und erhebt zugleich den Anspruch auf Wirklichkeit.[22]

18 Benno von Wiese, »Jeremias Gotthelf, *Die schwarze Spinne*«, in: B. v. W., *Die deutsche Novelle von Goethe bis Kafka. Interpretationen*, Bd. 1, Düsseldorf 1956, S. 176–194.
19 Johann Peter Eckermann, *Gespräche mit Goethe in den letzten Jahren seines Lebens*, hrsg. von Otto Schönberger, Stuttgart 1994, S. 234.
20 Von Wiese (s. Anm. 18), S. 194.
21 Winfried Freund, *Novelle*, Stuttgart 2009, S. 13.
22 Vgl. Yomb May, Literarische Grundbegriffe. Stuttgart 2012, S. 100, sowie Freund (s. Anm. 21), S. 14.

Als prototypisch für die Novelle wird vielfach der Aufbau aus Rahmen- und Binnenerzählung gesehen. In der Rahmenerzählung wird die Erzählsituation situiert, indem der Erzählanlass begründet wird. In diese Rahmenerzählungen eingebettet werden die Binnenerzählung(en) präsentiert, die sich an eine definierte Zuhörerschaft richten, die im Rahmen präsent ist und den Adressaten und die Rezeptionsinstanz darstellen. Dabei ist die Gesellschaft, die die Zuhörerschaft bildet, der Maßstab für das Erzählen und das Erzählte. Diese für die Novelle typische Erzählsituation zwingt das integrative Moment, das Eingebundensein des Individuums in die Gesellschaft.[23] Gotthelfs *Schwarze Spinne* setzt dieses Textsortenmerkmal geradezu prototypisch um. Die Erzählungen des Großvaters erfolgen in pädagogisch-erzieherischer Absicht. Sie richten sich an die Taufgesellschaft. Die geordnete Welt der Bauernfamilie bildet die harmonische Folie, in die die Spinne der Binnengeschichten jeweils einbricht. Sie ist Ausdruck einer gestörten Ordnung. Nur die Wiederherstellung der Ordnung, die für Jeremias Gotthelf bzw. Pfarrer Bitzius nichts anderes als eine christliche Ordnung sein kann, kann die Spinne bannen. Gotthelf führt in den Spinnengeschichten, wie dies für die Novelle überhaupt gilt, den Menschen in extreme Situationen seines Daseins, in denen er sich bewähren muss.[24]

Rahmenerzählung

23 Freund (s. Anm. 21), S. 31.
24 Freund (s. Anm. 21), S. 34.

Falke

Prototypisch für die Novelle ist darüber hinaus das Vorhandensein eines sogenannten »Falken« (zur Herkunft des Begriffs vgl. Kapitel 11 »Begriffe und Definitionen«). Unter einem Falken wird ein Gegenstand oder ein bestimmtes Motiv verstanden, das den zentralen Konflikt widerspiegelt und im Handlungsverlauf immer wieder aufgenommen wird. In der *Schwarzen Spinne* stellt der Fensterpfosten, in dem die Spinne über die Jahrhunderte hinweg eingesperrt ist, einen solchen Gegenstand (Dingsymbol) dar. Der Pfosten ist Teil des Hauses, das die Familie ebenso wie ihre Lebensart spiegelt. Indem er vom alten Haus in das jeweils neu errichtete übernommen wird, bleibt er Teil der Familie. Er ragt somit über die Jahrhunderte hinweg bis in die Erzählgegenwart hinein und, dies ist die Perspektive, die der Großvater eröffnet, über diese hinaus: »Da ward meine Überzeugung noch fester, dass weder ich noch meine Kinder und Kindeskinder etwas von der Spinne zu fürchten hätten, solange wir uns fürchten vor Gott.« (S. 115) Die Spinne ist demnach nicht endgültig gebannt, sondern eben immer nur vorläufig, immer nur so lange, wie die Ordnung durch unangemessenes Verhalten nicht gestört wird. Das ist die Botschaft, die der Großvater in erzieherischer Absicht formuliert. Der Pfosten stellt außerdem das wesentliche Verbindungselement zwischen Rahmen- und Binnenerzählung her. Er ist Anlass für das Erzählen und zugleich wichtiger Gegenstand der Binnenerzählungen.

Aufgrund der Erzählweise, der starken Unmittelbarkeit, wird die Novelle in enger Nachbarschaft zum Drama gesehen. In diesem Sinne stellt der Höhe- und Wendepunkt (im Drama die Peripetie) ein wichtiges Merkmal der Textsorte dar. Unter Höhe- und Wendepunkt versteht man die Stelle, in dem sich die Handlung zum Guten oder Bösen wenden kann. Dies gilt geradezu prototypisch für Gotthelfs *Schwarze Spinne*: »Nachdem sich die Menschen in ihrer Not mit dem Teufel eingelassen haben, schlägt das Geschehen ins Destruktive und Dämonische um. Das Ende jedoch steht nach Einsicht und Umkehr im Zeichen des Friedens und der sittlichen Stabilität.«[25]

Höhe- und Wendepunkt

In seiner bereits oben erwähnten Interpretation der *Schwarzen Spinne* als Novelle macht Benno von Wiese darauf aufmerksam, dass Gotthelf auf weitere literarische Gattungen Bezug genommen hat. Dies ist einmal die Idylle, wie sie sich in der Beschreibung einer harmonischen Gesellschaft, die mit sich und der Natur in Einklang lebt, zu Beginn der Rahmenhandlung findet. Darüber hinaus greift Gotthelf Sagen in den Binnengeschichten auf (siehe hierzu auch Kapitel 5 »Quellen und Kontexte«). Kennzeichnend ist hier, dass sich Fantastisches mit dem Anspruch auf Wirklichkeit verbindet. Schließlich gibt es Bezüge zum Mythos wie zur Legende. In beiden Gattungen erfahren wir von Heldentaten aus früheren Zeiten; in der *Schwarzen Spinne* sind dies die Aufopferung der frommen, jungen Frau, des Priesers und auch Christens.

25 Freund (s. Anm. 19), S. 37.

# 7. Autor und Zeit

Bürgerlicher Name: Albert Bitzius

Jeremias Gotthelf ist ein Schriftstellername, ein Pseudonym. Jeremias Gotthelf, so nennt der Pfarrer Albert Bitzius zunächst den Helden seines ersten Romans aus dem Jahr 1837: *Der Bauernspiegel oder Lebensgeschichte des Jeremias Gotthelf. Von ihm selbst beschrieben*, bevor er den Namen für seine eigene schriftstellerische Tätigkeit wählt. Der Roman erzählt die Geschichte eines verwaisten Bauernjungen, der, von der Gemeinde versteigert, in französischen Kriegsdienst gerät, bevor er später als Lehrer seine Biografie niederschreibt, in der er ein gottesfürchtiges und christliches Leben dokumentiert. Der gewählte Name – Jeremias Gotthelf – wie auch der Gegenstand des Romans sind durchaus programmatisch: Jeremias ist ein Prophet des Alten Testaments, der das Volk Israel vor der Sünde warnt. Gotthelf ist ein sprechender Name – einer, der mit Gottes Hilfe ein rechtschaffenes Leben führt. In dieser Weise in moralischer und sozialer und durchaus auch politischer Hinsicht Einfluss auf seine Zeitgenossen zu nehmen, ist das Anliegen von Jeremias Gotthelf bzw. Albert Bitzius.

Jeremias Gotthelf 1797–1854

Am 4. Oktober 1797 wird Albert Bitzius alias Jeremias Gotthelf als Sohn eines Pfarrers in Murten im Kanton Bern[26] in der Schweiz geboren. Die Eltern, Pfarrer Sigmund Bitzius (1757–1824) und seine dritte Ehefrau Elisabeth Bitzius-Kohler (1767–1836), gehören

26 Seit 1803 gehört Murten zum Schweizer Kanton Freiburg.

als Pfarrerehepaar der gebildeten Oberschicht an. Der Vater stammt aus einer Berner Patrizierfamilie.

Im Jahr 1805 zieht die Familie nach Utzenstorf. Der achtjährige Albert wird zunächst vom Vater unterrichtet, bevor er ab 1812 das Gymnasium in Bern besucht. Er selbst äußert sich über diese Zeit:

> »Meine Kenntnisse gingen aber nicht weit über Griechisch und Latein hinaus. Nebenbei las ich Romane, so viel ich zur Hand bringen konnte, trieb starken Schafhandel, lernte jagen, fischen, reiten, übte mich in allen Landarbeiten, einigen weiblichen Handarbeiten und brachte es in mehr als einem ländlichen Spiel zu bedeutender Fertigkeit.«[27]

1812–14 besucht er das Pädagogium, eine Vorläufereinrichtung der Universität Bern (gegründet 1834) und absolviert dort eine Vorbereitung (Propädeutikum) auf das Studium. Ab 1817 folgt ein Theologiestudium, das er 1820 mit dem Staatsexamen abschließt. Im Folgejahr, 1821, ist Gotthelf Vikar bei seinem Vater in Utzenstorf. Das Vikariat ist der praktische Teil der Theologenausbildung. Er unterbricht diesen Teil der Ausbildung für ein Studienjahr in Göttingen und eine Studienreise durch Norddeutschland, bevor er ab 1822 das Vikariat fortsetzt. Als der Vater 1824 überraschend stirbt, ist Gotthelf noch zu jung, um dessen Stelle zu

27 Jeremias Gotthelf, *Sämtliche Werke in 24 Bänden (HLA)*, hrsg. von Rudolf Hunziker und Hans Bloesch, Ergänzungsband 18: *Nachträge*, Erlenbach/Zürich 1977, S. 13.

Abb. 8: Jeremias Gotthelf. Bildnis von Johann Friedrich Dietler, um 1844.

übernehmen. Es folgen weitere Vikariatsjahre an unterschiedlichen Orten, bevor er 1832 Pfarrer in Lützelflüh wird, wo er von da an lebt. Ein Jahr später, 1833, heiratet er Henriette Zeender, die Enkelin seines Vorgängers in Lützelflüh. Drei Kinder gehen aus dieser Ehe hervor: 1834 wird Marie Henriette geboren, 1835 Albert Bernhard und 1837 Cécile. Am 22. Oktober 1854 stirbt Gotthelf im Alter von 57 Jahren an den Folgen einer Lungenentzündung.

Engagierter Zeitgenosse

Gotthelf kann als engagierter Zeitgenosse gelten. Es geht ihm um die »Wirksamkeit im praktischen Leben«. Im Zusammenhang seines Studienaufenthalts in Göttingen vermerkt er: »Göttingen enthält nichts, das fesseln könnte, als Bücher und Professoren [...]. Zudem ist eigentlich meine ganze Geisteskonstitution mehr auf Wirksamkeit im praktischen Leben berechnet als auf tiefe Studien.«[28] Diese »Wirksamkeit im praktischen Leben« äußert sich nicht zuletzt gesellschaftspolitisch. Bereits als Student engagiert er sich 1819 in einer liberalen Studentenvereinigung (Zofingerverein). Im sogenannten »Bollodinger Schulstreit« ergreift er Partei für den Lehrer Johannes Steiger, dem aufgrund einer Schulteilung Lohnkürzungen drohen. Ab ca. 1830 knüpft er Kontakt zur liberalen Bewegung in Bern. Mit der Gründung der liberalen Zeitschrift »Berner Volksfreund« wird er zu deren regelmäßigem Beiträger. Im Zentrum seines Engagements stehen das Schul- und Armenwesen. So wird er 1832 in die große Landesschulkommission gewählt und arbeitet an einem neuen Schulgesetz mit. Ab 1833 arbeitet er in verschiedenen Vereinen und Kommissionen, deren Vorsitz er z. T. inne hat, z. B. ist er Vorsitzender des Vereins für christliche Volksbildung. 1835, er bildet Lehrer

28 Jeremias Gotthelf, *Sämtliche Werke in 24 Bänden* (s. Anm. 27), Ergänzungsband 4: *Briefe*, Erlenbach/Zürich, 1948, S. 62.

aus, ist er Schulkommissar des Kantons. Dabei ist er durchaus streitbar. So beispielsweise 1845, als es zur Auseinandersetzung mit dem Vorsteher des Erziehungsdepartements kommt. Hier entgeht Gotthelf knapp seiner Absetzung als Pfarrer in Lützelflüh. Als Schulkommissar wird er entlassen.

Historischer Kontext

Mit diesem Engagement erweist er sich als jemand, der sich in den politischen, ökonomischen, sozialen und kulturellen Umbrüchen, von denen seine Lebenszeit geprägt ist, zu Wort meldet. Dies gilt, wie bereits erwähnt, für seine berufliche Tätigkeit, aber auch für sein literarisches Werk.

Politischer Wandel in der Schweiz

Die Schweiz, wie Europa überhaupt, erlebt in Folge der Französischen Revolution und der folgenden Herrschaft Napoleons einen grundlegenden Wandel. Liberale Ideen finden Verbreitung genauso wie die Idee der Bildung von Nationalstaaten. Letzteres führt zu einer Gegenbewegung zur napoleonischen Herrschaft, die in den Freiheitskriegen ihren Ausdruck findet. 1815 ist Napoleon besiegt. Es folgt eine Zeit der Restauration, in der bürgerliche Freiheitsrechte wieder beschnitten werden und die alte Ordnung wiederhergestellt wird. Ab den 1830er Jahren, ausgehend von der Julirevolution in Frankreich, setzt eine erneute Liberalisierung ein. In den deutschen Ländern wird diese Zeit als Vormärz bezeichnet, also die Zeit zwischen 1830 und der Märzrevolution 1848/49. Für die Schweiz wird diese Phase als Regeneration bezeichnet, in der sich liberale Verfassungen in den Kantonen durchsetzen.

Als Gotthelf 1832 seine Pfarrstelle in Lützelflüh antritt, gibt sich der Kanton Bern eine liberale Verfassung. Die liberale Bewegung wird von Gotthelf nicht nur unterstützt, er gehört auch zu den in einer Urwahl bestimmten 30 Wahlmännern für den Verfassungsrat. Diese liberale Verfassung wird bereits 1846 durch eine neue ersetzt, die radikaleren Grundsätzen folgt. Dies ist das Ergebnis einer Spaltung der liberalen Bewegung in eher gemäßigte Kräfte, denen Gotthelf angehört, und radikalere Kräfte, die sich zunehmend durchsetzen. Seine Kritik an den radikaleren Kräften entzündete sich insbesondere daran, dass diese die Rolle der Kirche beschnitten und für eine umfassende Säkularisierung, also die Trennung zwischen Staat und Kirche eintraten. Als politisch tätiger Pfarrer sah sich Gotthelf eingeschränkt. In der Folge entfremdete er sich von der liberalen Bewegung. Auch dem 1848 erfolgten Zusammenschluss der Schweizer Kantone zu einem Bundesstaat verbunden mit der Verabschiedung einer Bundesverfassung steht Gotthelf kritisch gegenüber.

Mit der liberalen Bewegung einhergehend und diese mit begründend vollzieht sich ein grundlegender ökonomischer Wandel. Die Schweiz erlebt einen raschen Umbruch vom Agrarstaat zu einem industrialisierten Land. Gotthelf ist Zeuge dieser grundlegenden Umwälzung, von der alle Lebensbereiche betroffen sind. Insbesondere für die Landbevölkerung führen die Industrialisierung und die Agrarrevolution zu schwerwiegenden sozialen Krisen und großer Massenarmut.

Ökonomischer Wandel

Vom liberalen Politiker zum konservativen Dichter

Diese Entwicklung sorgt dafür, dass Gotthelf sich zunehmend im literarischen Feld artikuliert. Immer stärker wird die Überzeugung, dass nicht die Verfassung, sondern die Haltung des Einzelnen maßgeblich sei: »Wo Frieden werden soll, zwischen Brüdern, da lässt er sich nie auf dem Gebiet des Rechts vermitteln […]; im Brudersinne alleine ist der Friede zu finden.«[29] Dass dieser Sinn ein christlicher sein muss, versteht sich für den Pfarrer Bitzius wie für den Dichter Gotthelf von selbst. Ab den 1830er Jahren ist Gotthelf als Dichter ungeheuer produktiv und er versteht dieses Schreiben durchaus als Kompensation für die Absage an politische Tätigkeit. Zwischen 1837 und seinem Tod 1854 entstehen ausweislich der Gesamtausgabe 24 Bände mit jeweils etwa 400 Seiten. Hinzu kommen 18 Bände mit Predigten, Briefen, Berichten, Reden usw.[30]

Der Schriftsteller als Volkserzieher

Gotthelfs Literatur ist bodenständig. Nicht zuletzt die Verwendung des Dialekts und sein Bezug zur ländlichen und bäuerlichen Bevölkerung tragen ihm in der Schweiz den Ruf des Volksschriftstellers ein. »Sein Werk, das der christlich konservativen Weltordnung verpflichtet ist, weist ihm literarhistorisch einen Platz in der Epoche der Restauration zu.«[31]

29 Hanns Peter Holl, »Jeremias Gotthelfs ›Bilder und Sagen aus der Schweiz‹ als Reaktion auf das Jahr 1798 und seine Folgen«, in: *Berner Zeitschrift für Geschichte und Heimatkunde* 66 (2004) H. 3, S. 119–162, hier S. 136.

30 Vgl. Rothenbühler (s. Anm. 13), S. 24.

31 Freund-Spork (s. Anm. 24), S. 58.

# 8. Rezeption

*Die schwarze Spinne*, die heute zu den bedeutenden Schriften im umfangreichen Werk von Jeremias Gotthelf gerechnet wird, wurde bei ihrem Erscheinen kaum wahrgenommen. Die wenigen Rezensenten waren sich durchaus nicht einig in ihrem Urteil. Eine der ersten Besprechungen aus dem Jahr 1843 von Ludwig Seeger kam zu einem vernichtenden Urteil:

Zeitgenössische Rezeption

> »Lieber Gott, das Volk wird nach der symbolischen Bedeutung des grünen Mannes mit der rothen Hahnenfeder, nach der [...] ekelhaften Spinne, dem Produkt eines Kusses von Mephisto auf die Wange einer freigeistigen Lindauerin (es muß natürlich eine Fremde sein: einer Eidgenössin kann so Etwas nicht arriviren) fragen, es wird den ganzen Kram nehmen, wie er da steht, und Gotthelf hat nicht nur Niemand erheitert, gebessert [...] – er hat etwas Unnützes, wo nicht geradezu dem Volke Schädliches geschrieben.«[32]

Auch der erste Biograf Gotthelfs, Carl Manuel, kam 1857[33] zu einer eher negativen Einschätzung und der Literaturkritiker Julian Schmidt zählte das Werk zu

32 Ludwig Seeger, »Schweizerische Belletristik«, in: *Einundzwanzig Bogen aus der Schweiz*, hrsg. von Georg Herwegh, Bd. 1, Zürich 1843, S. 332 f., zitiert nach: Mieder (s. Anm. 4), S. 50 f.

33 Vgl. Mieder (s. Anm. 4), S. 51.

den »schwächern Schriften Gotthelfs«.[34] Dagegen steht die Einschätzung Henriette Solgers aus dem Jahr 1850: »Merkwürdig und tiefbewegend ist mir hier unter anderm die ergreifend und prägnant erzählte Sage von der schwarzen Spinne.«[35] Auch gab es positive Besprechungen im französischen Literaturbetrieb. In Überblicksdarstellungen, etwa in Literaturgeschichten des späten 19. Jahrhunderts, fand die *Schwarze Spinne* allerdings keine Erwähnung, obwohl Gotthelf als Autor ausführlich besprochen wurde. Hier mag das negative Urteil des oben zitierten Gotthelf-Biografen Manuel die Beurteilung maßgeblich beeinflusst haben. Der »Bauerndichter« und Autor von »Dorfgeschichten« erfreute sich keiner besonderen Wertschätzung, galt diese Dichtung doch am Ende des 19. Jahrhunderts als unmodern. Zur Illustration sei hier auf die Einschätzung des Literaturwissenschaftler Rudolf von Gottschall verwiesen:

> »Wir wollen ihm gerne zugestehen, daß er ohne moderne Tendenzen und Illusionen ist, daß seine Charaktere aus einem Gusse sind, daß er das Bauernleben bis hinauf in die verschiedenen Arten der Stallreinigung mit großer Treue schildert; daß er hin und wieder einen derben, gesunden, ja, selbst erquickenden Humor entwickelt, und daß seine Werke auch für die Heranbildung brauchbarer Dienstboten eine kräftige und wirksame Moral ent-

34 Mieder (s. Anm. 4), S. 53.
35 Mieder (s. Anm. 4), S. 48.

> halten … in ästhetischer Beziehung bleiben die Schriften von Gotthelf vollkommen wertlos, mögen ihre praktischen Vorzüge so groß sein, wie sie immer wollen.«[36]

In den ersten rund 90 Jahren nach ihrem Erscheinen nahm die Literaturwissenschaft Gotthelfs Novelle also kaum positiv zur Kenntnis.

1920er Jahre – Wende in der Rezeption

Von einzelnen Beiträgen im frühen 20. Jahrhundert abgesehen (so Muret 1913, der sich der Quellenfrage zuwendet), blieb dies bis in die 1920er Jahre hinein so. Noch 1926 bezeichnete Ernst Bloch in seinem Essay über Gotthelf die *Schwarze Spinne* als »finsterste Straf-Dämonie und sonst nichts«[37].

Sinnbild jeder denkbaren Katastrophe

Die entscheidende Wende in der Rezeption bildet die Arbeit von Walter Muschg, der in seiner großen Gotthelf-Monografie aus dem Jahr 1931 die *Schwarze Spinne* ausführlich berücksichtigt.[38] Bei Muschg wird die Spinne zum Sinnbild jeder denkbaren Katastrophe. Fortan wird sie zu den bedeutenden Werken Gotthelfs gerechnet und in der Literaturwissenschaft breit rezipiert. Beispielhaft sei auf die Deutung Karl

36 Rudolf von Gottschall, *Die deutsche Nationalliteratur in der ersten Hälfte des neunzehnten Jahrhunderts*, Bd. 4, Breslau 1892, S. 718 f., zitiert nach: Lindemann (s. Anm. 7), S. 226.

37 Lindemann (s. Anm. 7), S. 227.

38 Walter Muschg, »Jeremias Gotthelf *Die schwarze Spinne.* (Erstdr. 1842.)«, in: W. M., *Pamphlet und Bekenntnis. Aufsätze und Reden*, hrsg. von Peter André Bloch und Elli Muschg-Zollikofer, Freiburg 1968, zitiert nach: Mieder (s. Anm. 4), S. 75–77.

Grundsätzliche menschliche Fragen

National-sozialistisches Interesse

Lob durch Th. Mann und Cannetti

Fehrs aus dem Jahr 1942[39] verwiesen. Fehr betont den kunstvollen Aufbau der beiden Binnenerzählungen der Novelle, aus »gründlichste[n] literarische[n] Überlegung[en]«[40]. Er stellt heraus, dass es nicht um eine einseitige Schuldzuweisung an die fremde Frau gehe, sondern um grundsätzliche menschliche Fragen. Er wendet sich damit gegen die psychoanalytisch ausgerichtete Literaturwissenschaft, die seit Mitte der 1920er Jahre die Spinne, die aus dem Kuss des Teufels »gezeugt« wird als sexuelles Symbol deutete.

Die bei Gotthelf entworfene Bauernwelt macht den Text freilich auch interessant für den Nationalsozialismus, der versucht, das Werk für seine Idee des Daseinskampfes im Sinne der »Blut und Boden Ideologie« in den Dienst zu nehmen: Gotthelf halte sich an »die Natur, an Not und Sorge, an Arbeit und Freude des Alltags, der von Menschen immer wieder Einsatz und Bewährung verlangt.«[41]

Schließlich ist es Thomas Manns uneingeschränktes Lob 1943, das zu intensiver Auseinandersetzung mit dem Werk führte. Thomas Mann schreibt »So las ich Jeremias Gotthelf, dessen ›Schwarze Spinne‹ ich bewundere wie kaum ein zweites Stück Weltliteratur«[42]. Auch Elias Cannetti berichtet in seiner Auto-

39 Karl Fehr, *Jeremias Gotthelfs »Schwarze Spinne« als christlicher Mythos. Untersuchungen zu den Gestaltungsgesetzen des Dichters*, Zürich/Leipzig 1942, zitiert nach: Mieder (s. Anm. 4), S. 73 f.
40 Fehr (s. Anm. 39), S. 70.
41 Lindemann (s. Anm. 7), S. 229.
42 Thomas Mann, *Die Entstehung des Doktor Faustus. Roman*

biografie, wie er als Jugendlicher von der Lektüre der *Schwarzen Spinne* tief beeindruckt war.[43] Damit war Gotthelfs Novelle endgültig etabliert.

Es folgen vielfältige literaturwissenschaftliche Abhandlungen, die sich mit der formalen Analyse des Textes beschäftigen, nicht zuletzt mit dem Zusammenhang von Rahmen- und Binnenerzählung, den Seeger in einer der ersten Rezensionen 1843 noch so negativ beurteilt hatte. Aber auch psychologische, kultur- und literaturgeschichtliche bzw. historische Deutungen folgten nach. Thematisiert werden in den Deutungen menschliche Grundprobleme, das Böse, das Problem von Schuld und Sühne, Fremdheit, Vereinsamung und Hybris.

Deutungen in der Nachkriegszeit

In der Nachkriegszeit wird die *Schwarze Spinne* auch vor dem Hintergrund des Geschehens des Zweiten Weltkriegs, des Nationalsozialismus und des Holocaust reflektiert: Die schwarze Spinne erscheint hier als »sühnender Reflex«[44] auf die nationalsozialistischen Verbrechen. Vorherrschend sind, wie in der Literaturwissenschaft nach dem Ende des Zweiten Weltkrieges insgesamt, werkimmanente Deutungen. Besonders prominent wird die Analyse Benno von Wieses aus dem Jahr 1956, in deren Zentrum die sym-

*eines Romans*, Frankfurt a. M. 1966, S. 50, zitiert nach: Mieder (s. Anm. 4), S. 55.

43 Elias Canetti, *Die gerettete Zunge. Geschichte einer Jugend*, München 1977, S. 354–357, zitiert nach: Mieder (s. Anm. 4), S. 56–59.

44 Vgl. Freund-Spork (s. Anm. 31), S. 64.

bolische Deutung der Spinne und des Balkens als Dingsymbol stehen. Von Wiese sieht in der Rahmen- wie in den Binnenerzählungen die historische Dimension von Dauer und Wandel und zählt die Novelle zu den »größten Prosadichtungen, die in deutscher Sprache geschrieben sind.«[45] Die breite Rezeption dieser Arbeit Benno von Wieses ebnet Gotthelfs Novelle den Weg in den Deutschunterricht.

Historisch-politische Deutung

Eine Deutung, die den Schwerpunkt auf die Einordnung in den historischen Zusammenhang der Biedermeierzeit legt, bietet die Arbeit von Jost Hermand aus dem Jahr 1962. Dieser führt, auch unter Rückgriff auf Gotthelfs bzw. Bitzius' politische Haltung, aus, dass hinter der *Schwarzen Spinne* die Überzeugung stehe, »daß das Gewaltsame in der Welt durch die eingreifende Tat des Menschen immer wieder zu bannen ist. Diese Überzeugung hatte man aus dem Untergang Napoleons gewonnen, der wie ein Dämon durch ganz Europa gezogen war und sich schließlich doch den alten Mächte hatte beugen müssen. Die zweimalige Verpflöckung der Spinne wirkt fast wie ein Symbol […].«[46] Dem zweimaligen Ausbruch der Spinne entspreche, so Hermand, die erste lange und die zweite nur 100 Tage dauernde Herrschaft Napoleons nach der Rückkehr aus der Verbannung nach Elba.[47] Diese Bezüge stützen sich auch auf ein Flugblatt aus der Zeit

45 Von Wiese (s. Anm. 18), S. 195.
46 Hermand (s. Anm. 9), zitiert nach: Lindemann (s. Anm. 8), S. 103.
47 Lindemann (s. Anm. 7), S. 103.

nach der Niederlage Napoleons, in dem dieser – ähnlich der Spinne – als »Teufelsbrut« bezeichnet wird sowie auf politische Äußerungen Gotthelfs.[48] Die Deutung Hermands greift Klaus Lindemann in seiner Arbeit *Zur biedermeierlichen Deutung von Geschichte und Gesellschaft zwischen den Revolutionen* aus dem Jahr 1983 auf. Freilich blieben diese politischen Deutungen nicht unwidersprochen. Sengle betont in Abgrenzung zur Deutung Hermands, dass die Frage, ob die Spinne die Revolution meine, am Zentrum der Novelle vorbeigehe. Für ihn stellt die schwarze Spinne das »überzeitliche Prinzip des Bösen«[49] dar.

Nach dieser Hochphase ebbt das literaturwissenschaftliche Interesse nach und nach ab.

Bis in die heutige Zeit gib es immer wieder Neubearbeitungen des Stoffes für die Bühne. Hierzu zählen Opernbearbeitungen, wie:

■ Neubearbeitungen

- *Die schwarze Spinne.* Oper in zwei Akten. Musik: Willy Burkhard. Bühnendichtung: Robert Faesi und Georgette Boner (1949).
- *Die schwarze Spinne.* Oper in einem Akt. Musik: Heinrich Sutermeister. Text: Albert Roesler (1949).

■ Oper

Auch für die Schauspielbühne wird der Text eingerichtet. Beispiele hierfür sind:

■ Schauspiel

48 Lindemann (s. Anm. 7), S. 104.
49 Lindemann (s. Anm. 7), S. 233.

- Die schwarze Spinne. Berndeutsches Schauspiel in fünf Akten, in Szene gesetzt von Friedrich Nyffeler (1949).
- *Die schwarze Spinne.* Schauspiel nach der gleichnamigen Novelle von Jeremias Gotthelf. Bühnenbearbeitung: Arthur Kaufmann (1958).
- *Die schwarze Spinne.* Nach der Erzählung von Jeremias Gotthelf dramatisiert von Hansjörg Schneider. Kreuzlingen (1988).
- Urs Widmer: *Die schwarze Spinne. Nach der Erzählung von Jeremias Gotthelf.* Frankfurt (1998).
- *Die schwarze Spinne. Pilatus' Traum.* Nach Jeremias Gotthelf und Michael Bulgakow. Inszeniert von Frank Castorf am Schauspiel Zürich (2011).

Abb. 9: Ursula Doll als Christine und Siggi Schwientek als der Grüne in *Die schwarze Spinne. Pilatus' Traum* im Schauspielhaus Zürich (Regie: Frank Castorf). Premiere 20.1.2011. © Matthias Horn

# 9. Prüfungsaufgaben mit Lösungshinweisen

Die Lektüre der *Schwarzen Spinne* kann in unterschiedlichen Jahrgangsstufen ab der mittleren Sekundarstufe I erfolgen. Die nachstehenden Prüfungsaufgaben unterscheiden sich in ihrer Komplexität und den Anforderungen. Die Jahrgangsstufe, ab der sie eingesetzt werden können, ist jeweils angegeben.

## Aufgabe 1: Naturschilderungen
(ab Jahrgangsstufe 8)

**Arbeitsauftrag 1a:** Beschreibe, wie die Natur im Textauszug S. 44, Z. 24–S. 45, Z. 17 geschildert wird. Belege deine Aussagen.
**Arbeitsauftrag 1b:** Vergleiche die Naturschilderung dieses Textauszuges mit der Naturschilderung auf S. 3, Z. 12 – S. 4, Z. 3
**Arbeitsauftrag 1c:** Welche Bedeutung haben die Naturschilderungen im jeweiligen Handlungszusammenhang? Erkläre!

## Lösungshinweise

**Aufgabe 1a:**
Der Textauszug schildert eine »wilde Nacht« (S. 44), die für die Jahreszeit als ganz ungewöhnlich charakterisiert wird (»In dieser Jahreszeit hatte man eine solche Nacht noch nie erlebt.«, S. 44). Es tobt ein Gewitter, das den

Menschen Angst macht. Neben dem Adjektiv »wild«, werden Adjektive wie »schwarz«, »dunkel« und »finster« verwendet, um eine bedrohliche Situation zu verdeutlichen. Die Angst ergreift Menschen und Tiere. Die ganze Situation wird als Not, Graus, Unglück, Elend beschrieben. Die Natur erscheint geisterhaft und bedrohlich.

**Aufgabe 1b:**
Im Gegensatz dazu steht die Naturschilderung der Einleitung. Geschildert wird ein Tag/Morgen, nicht eine Nacht. Die Natur wird hier als durchgängig freundlich, fruchtbar, üppig, im sonntäglichen Glanz erstrahlend beschrieben. Diese Naturschilderung steht im Einklang mit der Situation der Menschen, die in einem freundlichen Haus leben. Natur, hier auch als Erde bezeichnet, und »das von Menschenhänden erbaute Haus« (S. 4) sind beide Gottes Werk.

Der Vergleich verdeutlicht insbesondere Gegensätze: Tag versus Nacht, ruhig versus wild, friedlich versus bedrohlich. Gemeinsam ist der jeweilige Vergleich mit der Vorstellung einer Hochzeit: friedlicher Hochzeitreigen versus Hochzeit der »Geister der Nacht« (S. 44).

**Aufgabe 1c:**
Die Natur hat in beiden Textpassagen jeweils die Funktion, die Verfassung der Menschen und ihr Handeln zu spiegeln: Die geschieht positiv in der Einleitung, wo der Mensch mit Gottes Segen ein friedliches Leben führen kann. Die Gottesfürchtigkeit der Menschen spiegelt sich in einer friedlichen Natur, die ein gutes Auskommen si-

chert. Im Gegensatz dazu ist Natur im zweiten Textauszug, der situiert ist, nachdem Christine den Pakt mit dem Teufel geschlossen hat, wild und bösartig und bedrohlich. Sie hat sich von Gott ab- und dem Teufel zugewandt.

Die erste Textpassage eröffnet die Rahmenhandlung, die zweite Textpassage gehört zur ersten Binnengeschichte, also der ersten Spinnenerzählung.

## Aufgabe 2: Die Figur der Christine (erste Spinnenepisode)

(ab Klasse 8)

**Arbeitsauftrag 2**: Charakterisiere die Figur der Christine.

### Lösungshinweise

Christine ist die zentrale Figur in der ersten Spinnenepisode. Sie stammt aus Lindau am Bodensee und kommt durch die Heirat mit einem Bauern ins Dorf. Dort bleibt sie fremd, eine Außenseiterin, was ihr schmerzlich bewusst ist: Man habe sie »als Fremde […] übel geplaget im Tale, die Weiber ihr einen übeln Namen angehängt, die Männer sie allenthalben im Stiche gelassen« (S. 57).

Über ihr Aussehen erfahren wir lediglich, dass sie »wilde, schwarze Augen« (S. 36) gehabt habe, die »noch dunkler als sonst in unheimlichem Feuer« (S. 47) brannten, als sie ins Dorf zurückgekehrt sei, nachdem sie den Pakt mit dem Teufel geschlossen hatte. Ausführlicher wird ihr Verhalten beschrieben. Sie sei ein »grausam handlich Weib« (S. 36) gewesen, also energisch und resolut. Sie habe wissen wollen, was ging, und habe alles besser gewusst (S. 39). Sie ist es, die den Pakt mit dem Teufel schließt. Dabei überschätzt sie sich selbst. Sie merkt nicht, dass der Teufel sie manipuliert. Sie meint, sie könne ihn ihrerseits überlisten: »[...] aber es wuchs in ihr immer mehr der Gedanke: das wäre doch der Einzige, der nicht zu betrügen wäre!« (S. 42). Dies ist eine Fehleinschätzung. Mit der Besiegelung des Paktes durch den Kuss auf ihre Wange, wird sie zum Werkzeug des Teufels. Sie muss versuchen, die ungetauften Kinder in ihre Hände zu bekommen, um sie dem Teufel zu übergeben. Mit jedem Kind, bei dem ihr das nicht gelingt, werden ihre Qualen stärker, bis sie sich schließlich selbst in die todbringende Spinne verwandelt.

Christine kann demnach charakterisiert werden als Fremde und Außenseiterin, die sich insbesondere durch ihr selbstbewusstes Auftreten von anderen Frauen unterscheidet. In der Verhandlung mit dem Teufel wird ihr Selbstbewusstsein zur Selbstüberschätzung. Sie schließt den Pakt und wird damit zum Werkzeug des Teufels. Sie kann am Ende nicht mehr selbstständig handeln.

## Aufgabe 3: Der Aufbau der Erzählung
(ab Klasse 9/10)

**Arbeitsauftrag 3:** Interpretiere den Textauszug S. 89, Z. 3 – S. 93, Z. 19, indem du die folgenden Teilaufgaben in einem strukturierten und zusammenhängenden Text bearbeitest.

- Ordne den Textauszug in den Handlungszusammenhang ein.
- Gib den Inhalt knapp wieder.
- Arbeite die Reaktionen der Taufgesellschaft (insbesondere von Gotte, Vetter, Großvater und Großmutter) auf die Spinnenerzählung heraus. Belege deine Ausführungen am Text.

### Lösungshinweise

Der Textauszug bildet den zweiten Teil der Rahmenerzählung. Dieser hat die **Funktion** der Überleitung zwischen der vorausgehenden ersten und der nachfolgenden zweiten Spinnenepisode. Diese Funktion erklärt auch seine Kürze.

**Inhaltlich** ist der Textauszug gekennzeichnet von der Reaktion der Taufgesellschaft auf die erste Spinnenerzählung des Großvaters, die großen Schrecken auslöst, dem die Gotte durch ihren Schrei Ausdruck verleiht. Auch Verunsicherung ist festzustellen. Nur zögerlich folgen die Gäste der Aufforderung, an den Tisch zurückzukehren und das Taufmahl fortzusetzen. Diese Reaktion der Taufgesellschaft löst einen Streit zwischen Großvater und

Großmutter aus. Diese kritisiert, dass der Großvater die Geschichte überhaupt erzählt hat, da sie nun die Taufe überschattet. Es gelingt dem Großvater dann, die Gäste zu beruhigen, sodass das Essen fortgesetzt werden kann. Ein erneuter schreckhafter Aufschrei der Gotte bietet den noch immer unter dem Eindruck der Spinnenerzählung stehenden Gästen die Möglichkeit, auf die Spinnengeschichte zurückzukommen und den Großvater dazu zu bewegen, die Erzählung fortzusetzen.

**Reaktion der Taufgesellschaft auf die Spinnenerzählung:** Die Taufgesellschaft im Ganzen steht unter dem Bann der Spinnenerzählung. Angst und Befangenheit kennzeichnen die Reaktion: »Auch den andern waren die Herzen zugeklemmt« und »Es war ein großes Schweigen über sie gekommen.« (S. 89) Dabei sind die Gäste unsicher, wie sie die Erzählung, die sie alle berührt hat, verstehen sollen: »Spott mochte niemand wagen, der Sache beistimmen auch nicht gerne; es hörte jeder lieber auf das erste Wort des andern, um darnach die eigene Rede richten zu können, so verfehlt man sich am wenigsten.« (S. 89) Gleichwohl gibt es unterschiedliche Reaktionsweisen, die an der Gotte, dem Großvater und der Großmutter sowie dem Vetter verdeutlicht werden können. Die Gotte reagiert ängstlich auf die Erzählung. Ihre Angst drückt sich in ihrem Schrei aus »›Was, dort im schwarzen Holz?‹, schrie die Gotte« (S. 89). Weiterhin zeigt sie sich in ihrer Weigerung, ihren alten Platz am oberen Ende der Tafel unter dem Spinnenpfosten wieder einzunehmen (S. 90). Auch im Verlauf des Essens beruhigt sie sich nicht. Vielmehr schreit sie erneut dramatisch auf und »wäre fast vom Stuhle gefallen« (S. 92), als eine Fliege über den Zapfen läuft. Vor Schreck »zitterte [die Gotte] am ganzen Leibe« (S. 92). Diese Reaktion macht deutlich, dass die Gotte die Spinnengeschichte als Tatsachenbericht versteht. Sie hat tatsächlich Angst, die Spinne könne auch jetzt ausbrechen.

Wie die Gotte und die übrige Taufgesellschaft ist auch der Vetter von der Erzählung gebannt. Er nimmt sie wahr als kurzweilige Unterhaltung, als Zeitvertreib: »[…] lass deinen Alten reden, er hat uns recht kurze Zeit gemacht« (S. 93).

Der Großvater möchte mit der Erzählung »punktum die Wahrheit« berichten (S. 91). Er betrachtet die Geschichte als lehrreiches Beispiel. In seiner Glaubensfestigkeit hat er vor der Spinne in ihrem Loch keine Angst »solange man hier außen Gott nicht vergisst, muss sie warten da innen« (S. 91).

Die Großmutter hingegen möchte die Geschichte ganz verschweigen. Sie hat Angst, dass der gute Ruf des Hauses drunter leiden könnte (S. 91). Entsprechend versucht sie zu verhindern, dass der Großvater die Erzählung fortsetzt. Allerdings scheitert sie, wie schon zuvor »›E‹, sagte die Großmutter, ›es wäre besser, man schwiege von der ganzen Sache, man hätte ja den ganzen Nachmittag davon geredet.‹« (S. 92 f.)

Insgesamt ist die Taufgesellschaft berührt und gebannt von der Erzählung, reagiert aber doch unterschiedlich darauf, wie an den Figuren Gotte, Vetter, Großvater und Großmutter gezeigt werden kann.

## Operatoren

Die Übersicht führt die in den Aufgaben verwendeten Operatoren in alphabetischer Reihenfolge auf.

| | |
|---|---|
| **Analysieren** | einen Text als Ganzes oder aspektorientiert unter Wahrung des funktionalen Zusammenhangs von Inhalt, Form und Sprache erschließen und das Ergebnis der Erschließung darlegen |
| **Beschreiben** | Sachverhalte, Situationen, Vorgänge, Merkmale von Personen bzw. Figuren sachlich darlegen |
| **Einordnen** | eine Aussage, einen Text, einen Sachverhalt unter Verwendung von Kontextwissen begründet in einen vorgegebenen Zusammenhang stellen |
| **Erklären** | Materialien, Sachverhalte o. Ä. in einen Begründungszusammenhang stellen |
| **Erläutern** | Materialien, Sachverhalte, Zusammenhänge, Thesen in einen Begründungszusammenhang stellen und mit zusätzlichen Informationen und Beispielen veranschaulichen |
| **Gestalten / Entwerfen** | Aufgabenstellungen kreativ und produktorientiert bearbeiten, z. B. auf der Grundlage eines Materials und seiner inhaltlichen oder stilistischen Gegebenheiten eine kreative Idee in ein selbstständiges Produkt umsetzen |
| **Herausarbeiten** | aus Materialien nicht explizit genannte Sachverhalte erschließen |

| | |
|---|---|
| **Interpretieren** | auf der Grundlage einer Analyse im Ganzen oder aspektorientiert Sinnzusammenhänge erschließen und unter Einbeziehung der Wechselwirkung zwischen Inhalt, Form und Sprache zu einer schlüssigen (Gesamt-)Deutung gelangen |
| **Vergleichen** | nach vorgegebenen oder selbst gewählten Gesichtspunkten Gemeinsamkeiten, Ähnlichkeiten und Unterschiede herausarbeiten und gegeneinander abwägen |
| **Wiedergeben** | ausgehend von einem Einleitungssatz Informationen aus dem vorliegenden Material unter Verwendung der Fachsprache in eigenen Worten ausdrücken |

---

Die Definition der Operatoren folgt dem für das Fach Deutsch vereinbarten »Grundstock von Operatoren« des gemeinsamen Abituraufgabenpools der Länder (https://www.iqb.hu-berlin.de/abitur/dokumente/deutsch, Stand: 17.8.2023).

# 10. Literaturhinweise/Medienempfehlungen

## Textausgaben

Der vorliegende *Lektüreschlüssel* bezieht sich auf:

Jeremias Gotthelf: Die schwarze Spinne. Erzählung. Hrsg. von Wolfgang Keul. Stuttgart: Reclam, 2022. (Reclam XL. Text und Kontext. 16137.)

Jeremias Gotthelf: Die schwarze Spinne. Erzählung. Anm. von Wolfgang Mieder. Stuttgart: Reclam, 2017 [u. ö.]. (Universal-Bibliothek. 6489.)

## Sekundärliteratur

Freund, Winfried: Novelle. Stuttgart: Reclam, 2009 [u. ö.].

Freund-Spork, Walburga: Lektüreschlüssel. Jeremias Gotthelf: Die schwarze Spinne. Stuttgart: Reclam, 2003 [u. ö].

Mieder, Wolfgang (Hrsg.): Erläuterungen und Dokumente. Jeremias Gotthelf: Die schwarze Spinne. Stuttgart: Reclam, 2003 [u. ö].

Lindemann, Klaus: Jeremias Gotthelf. Die schwarze Spinne. Zur biedermeierlichen Deutung von Geschichte und Gesellschaft zwischen den Revolutionen. Paderborn [u. a.]: Schöningh, 1983.

Wiese, Benno von: Die deutsche Novelle von Goethe bis Kafka. Interpretationen. Bd. 1. Düsseldorf: August Bagel, 1963. S. 176–195.

Zobel, Klaus: Interpretationen und Analysen zu drei

Novellen des 19. Jahrhunderts. Conrad Ferdinand Meyer: Der Schuss von der Kanzel. Achim von Arnim: Der tolle Invalide auf dem Fort Ratonneau. Jeremias Gotthelf: Die schwarze Spinne. Northeim: Drei-A-Verlag, 1994. S. 99–168.

## Graphic Novel

Treskatis, Barbara: Die schwarze Spinne. Graphic Novel nach einer Erzählung von Jeremias Gotthelf. Münster: Verlag der Ideen, 2020.

## Film

Die schwarze Spinne. Nach der Novelle von Jeremias Gotthelf. Regie: Markus Fischer. Schweiz 2021.

Die schwarze Spinne to go (Gotthelf in 10 Minuten). In: Sommers Weltliteratur to go. www.youtube.com/watch?v=9BSL3R46tkY (Stand: 24. 9. 2022)

## Radio/Podcast

Gundula Iblher: Die schwarze Spinne. In: BR2 radio Wissen (18. 12. 2012). www.br.de/radio/bayern2/sendungen/radiowissen/deutsch-und-literatur/jeremias-gotthelf-schwarze-spinne100.html (Stand: 24. 9. 2022)

Judith Heitkamp: Martin Umbach liest. Jeremias Gotthelf: Die schwarze Spinne. In: BR2 (18. 2. 2022). www.br.de/radio/bayern2/sendungen/radiotexteam-donnerstag/radiotexte-gotthelf-spinne-100.html (Stand: 24. 9. 2022)

Die schwarze Spinne – Jeremias Gotthelf (Komplettes Hörbuch). Gesprochen von Karlheinz Gabor. In: Bookstream Hörbücher.www.youtube.com/watch?-v=TNuBwUsWK3M (Stand: 24. 9. 2022)

## Museum

Gotthelf Zentrum Lützelflüh (Schweiz) bietet auf seiner Homepage umfangreiche Informationen, Downloadmaterialien, Bilder und Audios zu Jeremias Gotthelf / Albert Bitzius. www.gotthelf.ch (Stand: 24.9.2022)

# 11. Zentrale Begriffe und Definitionen

**Anapher:** (griech.) ›Rückführung‹; bezeichnet die Wiederholung des gleichen Wortes oder einer Wortgruppe am Anfang zweier Sätze, Verse oder Strophen.

➤ S. 56

**Auktorialer Erzähler:** auch allwissender oder olympischer Erzähler. Der Erzähler ist nicht Teil des Geschehens, sondern überblickt das Geschehen von außen. Er kennt die Handlung, d. h. Vergangenheit, Gegenwart und Zukunft. Er kennt die Haltungen, Gefühle, Interessen und Wünsche aller Figuren und sogar die Konsequenzen ihres Tuns und Handelns, noch bevor die Figuren hiervon wissen, und hat somit einen Wissensvorsprung. In das Geschehen kann er mit Kommentaren und Urteilen eingreifen, indem er z. B. den Leser direkt anspricht.

➤ S. 53

**Biedermeier:** eine der literarischen Strömungen in der Phase der ➤ Restauration (1815-1848). Die Dichter des Biedermeier wandten sich von den revolutionären demokratischen Bewegungen ab. Sie propagierten den Rückzug ins Private und die Vorstellung einer »guten alten Zeit«. Ordnung, Pflichterfüllung, Heimat, Religion und Familie waren für sie leitend. Die Literatur wollte bewusst nicht politisch sein.

➤ S. 78

**Binnenerzählung:** bezeichnet eine in eine ➤ Rahmenerzählung eingebettete Erzählung.

➤ S. 7, 13, 42, 47 ff.

**Erzählte Zeit:** Zeit(raum), über den sich die erzählte Handlung erstreckt, vgl. ➤ Erzählzeit.

➤ S. 52

**Erzählzeit:** Der Begriff bezeichnet die Lesezeit, also die Zeit, die ein Leser / eine Leserin durchschnittlich benötigt, um den Text zu lesen bzw. vorzulesen.

**Falke:** Falkentheorie: Die Bezeichnung Falke wurde übernommen aus der neunten ➤ Novelle des 5. Tages des Decamerone von Boccaccio, in der ein Mann die Liebe einer Frau gewinnt, indem er ihr sein Lieblingstier, einen Falken, opfert. Daraus entwickelte sich die sogenannte Falkentheorie, die besagt, dass in der ➤ Novelle ein zentraler Gegenstand (Dingsymbol) als ➤ Leitmotiv fungiert. Dieses Leitmotiv wird als Falke bezeichnet. Die Falkentheorie wurde von Paul Heyse (1830–1914) entwickelt.

➤ S. 84

**Motiv:** Motiv sind bedeutungstragende stoffliche Elemente, die über sich selbst hinaus Bedeutung für die Handlung gewinnen und diese maßgeblich beeinflussen. Sie bleiben im Handlungsverlauf unverändert. In Gotthelfs Novelle sind dies etwa die Taufe, die Spinne und der Fensterpfoten.

➤ S. 50, 59

**Mythos:** (griech.) ›Erzählung‹ abgeleitete Bezeichnung für überlieferte Geschichten, in denen von wichtigen Ereignissen berichtet wird, ➤ Motive aus Mythen werden in künstlerischen Werken immer wieder aufgenommen und verarbeitet.

➤ S. 61, 85

**Novelle:** abgeleitet von ital. *novella* ›Neuigkeit‹. Bei der Novelle handelt es sich um eine Prosaerzählung, die meist folgende Merkmale aufweist: Sie behandelt eine »unerhörte Begebenheit« (Goethe). Das außergewöhnliche Ereignis hat einen Neuigkeitswert und einen Wirklichkeitsanspruch. Die Novelle ist gekennzeichnet von einer straffen Handlungsführung um einen zentralen Konflikt, der auf einen Höhe- und Wendepunkt hinsteuert. Kennzeichnend ist zudem das Vorhandensein eines ➤ Falken als dem zentralen (Ding-)Symbol. Für die Gattungsbestimmung wichtig ist Giovanni Boccaccios Novellensammlung *Decamerone* (1353) mit der ➤ Falkennovelle.

➤ S. 80

**Rahmenerzählung:** Die Rahmenerzählung dient als (Erzähl-)Anlass für eine oder mehrere in sie eingebetteter ➤ Binnenerzählungen. Durch die Einbettung verschiedener ➤ Binnenerzählungen in eine Rahmenerzählung entstehen unterschiedliche Erzählebenen.

➤ S. 11, 42 ff.

**Restauration:** von lat. *restaurare* ›wiederherstellen‹. Historischer Fachbegriff, der allgemein die Wiederherstellung eines politischen Zustandes bezeichnet. Als Restauration wird u. a. die historische Phase zwischen 1815 (Wiener Kongress) und 1830 (Julirevolution in Frankreich) bezeichnet. Die Staaten, insbesondere Preußen und Österreich versuchten durch Zensur die Verbreitung freiheitlicher Ideen, wie Meinungsfreiheit, Pressefreiheit, Forderung nach politischer Beteiligung (Wahlen) zu unterdrücken. Diese politische Haltung findet in der literarischen Strömung des ➤ Biedermeier ihren Widerhall.

➤ S. 90

**Rhythmus:** von griech. *rhythmos* ›gleichmäßige Bewegung‹.

Der Rhythmus entsteht durch Betonung, Pause und Sprechtempo und gliedert so den Sprachfluss; deutlich insbesondere beim Vortrag. Häufig stimmen Rhythmus und Metrum überein.

➤ S. 55

**Sage:** kurze, ursprünglich mündlich überliefert Erzählung. In Sagen finden sich häufig fantastische Elemente, im Kern beziehen sie sich aber auf historische Ereignisse, die sie gewissermaßen deuten. Sagen erheben einen Wahrheitsanspruch.

➤ S. 58

**Symbol:** von griech. *symbolon* ›Merkmal‹; Zeichen, das etwas veranschaulicht, das man nicht direkt wahrnehmen kann. Das Symbol verweist auf eine tiefere Bedeutung. Kreuz als Symbol für die christliche Kirche, Herz als Symbol für die Liebe.

➤ S. 50, 52